Sabine Ulmer-Otto

Die leere Wiege

Sabine Ulmer-Otto

Die leere Wiege

Unfruchtbarkeit
und ihre seelische Verarbeitung

Kreuz Verlag

CIP-Titelaufnahme der Deutschen Bibliothek

Ulmer-Otto, Sabine:
Die leere Wiege: Unfruchtbarkeit und ihre seelische
Verarbeitung / Sabine Ulmer-Otto. – 1. Aufl. – Zürich: Kreuz-Verl., 1989
ISBN 3-268-00074-6

1. Auflage

Umschlaggestaltung: Jürgen Reichert, Kornwestheim
Gesamtherstellung: Clausen & Bosse, Leck
ISBN 3 268 00074 6

Inhalt

Vorwort

Viel Zeit ist vergangen, seit die Idee aufkam, dieses Buch zu schreiben, den ersten Interviews, den Nachinterviews nach ein bis zwei Jahren, dem Zusammenfassen der gesprochenen Texte bis zur Formulierung meiner therapeutischen Erfahrungen, die ich im Laufe der Zeit gewonnen habe.

Gemeinsam mit meiner Kollegin und Freundin Marion Höhn habe ich drei Jahre lang eine psychotherapeutische Gruppe für Frauen mit unerfülltem Kinderwunsch geführt. Wir haben uns in unserer langjährigen Zusammenarbeit und in intensiver Auseinandersetzung mit der Gruppenarbeit gegenseitig unterstützt und beflügelt. Unsere unterschiedlichen Temperamente und Herangehensweisen fanden in der gemeinsamen Arbeit ihre Ergänzung.

Durch meine eigene Geschichte fühle ich mich den Frauen mit unerfülltem Kinderwunsch sehr nah und verbunden. Nach der Geburt meiner Tochter und dem Abschluß meines Studiums kam es auch bei mir nicht mehr zu einer weiteren, gewünschten Schwangerschaft. Viel von meiner Kraft blieb an den Wunsch nach einem weiteren Kind gebunden, bis ich lernte, die Reaktion meines Körpers zu akzeptieren. Als mir das gelang, fand ich wieder Zugang zu vielen anderen in mir liegenden Energien. Aus der persönlichen Erfahrung heraus ist die Idee gewachsen, mit kinderlosen Frauen in einer therapeutischen Gruppe zusammenzuarbeiten und die Lebensberichte der betroffenen Frauen zu veröffentlichen.

Wir haben ausschließlich mit Frauen gearbeitet,
– weil Männer das Engagement und die Zeit zur Bearbeitung des unerfüllten Kinderwunsches meist nicht aufbringen;
– weil sich die ungewollte Kinderlosigkeit eines Paares da-

durch ausdrückt, daß die Frau nicht schwanger wird, daß sich also der »Mangel« beziehungsweise der »Mißerfolg« an ihr und ihrem Körper vollzieht. Dadurch ist sie unmittelbarer betroffen als der Mann. Er erfährt die Kinderlosigkeit lediglich durch die Vermittlung der Frau, indem sie ihm mitteilt, was sich in ihrem Körper vollzieht;
– weil hauptsächlich an den Frauen die medizinischen Behandlungen zur Ermöglichung einer Schwangerschaft vorgenommen werden, wodurch die Frauen viel stärker belastet sind als Männer;
– weil Frauen eher psychotherapeutische Hilfe in Anspruch nehmen als Männer;
– weil sie sich psychische Faktoren als Ursache von Unfruchtbarkeit eher vorstellen können;
– weil sie eher den Mut haben, bei sich selbst nach diesen Faktoren, nach möglichen Zusammenhängen zwischen ihrer seelischen Befindlichkeit und ihrer Kinderlosigkeit zu suchen.

Die Tabuisierung des Themas »Unfruchtbarkeit« in der Öffentlichkeit ist noch immer erheblich. Wohl gibt es Veröffentlichungen zu diesem Thema, jedoch wird es meist aus theoretischer Sicht abgehandelt. Die Betroffenen selber schweigen. Es ist peinlich, einzugestehen, keine Kinder bekommen zu können. Noch heute ist die Meinung verbreitet, wer nicht fruchtbar, nicht zeugungsfähig sei, mit dem stimme etwas nicht, dem fehle etwas, etwas, was sein Geschlecht ausmacht. Deshalb ziehen sich die Betroffenen zurück und geraten oft in die soziale Isolation. Die Zahl der Betroffenen nimmt jedoch ständig zu. Die Anzahl der Paare, die in der Bundesrepublik unter dieser Problematik leiden, wird in der Literatur mit 10–25 Prozent angegeben. Aus dieser hohen Zahl der Betroffenen erklärt sich der große Ansturm auf die Kinderwunschsprechstunden, der unerwartete Ausmaße angenommen hat. Die Erfolgsquoten der modernen Reproduktionsmedizin sind im Verhältnis zu dem betriebenen Aufwand äußerst gering. Bei 85–90 Prozent der sich diesen Verfahren unterziehenden Paare bleiben die Bemühungen erfolglos. Gerade diese Paare, und dabei insbesondere die Frauen, ziehen sich in die Anonymität zurück, da sie sich schuldig fühlen am Versagen ihres Körpers, der nicht funktioniert, wie es erwartet wurde.

Mein Anliegen ist es, den Frauen und Paaren, die schweigend unter dem Gefühl des schuldhaften Nichtfunktionierens leiden, die Erlebnisberichte gleichfalls Betroffener zugänglich zu machen. Das Gefühl, mit dem eigenen »Versagen«, der eigenen »Schuld« nicht allein zu stehen, kann erleichternd sein und zur Befreiung von diesem Leidensdruck beitragen.

Ich möchte den Betroffenen Mut machen, sich mit ihren Gefühlen auseinanderzusetzen, sie im geschützten Rahmen öffentlich zu machen und Wege aus dem Leiden zu suchen.

Berlin, Herbst 1988 *Sabine Ulmer-Otto*

Einleitung

Die Verhütungsmöglichkeiten sind heute so sicher und zuverlässig, wie es keine vorhergehende Generation je erlebt hat. Die Planbarkeit der Verhütung schien zugleich die Planbarkeit von Schwangerschaft zu bedeuten. Für viele Frauen hat sich diese Annahme jedoch als schmerzlicher Irrtum erwiesen.

Wenn ein entsprechender Partner gefunden ist, wenn im Leben beider Partner der richtige Zeitpunkt für den Beginn des Lebens mit einem Kind gekommen scheint, werden die schwangerschaftsverhütenden Mittel abgesetzt, und es beginnt ein neugieriges Abwarten. Stellt sich nach einigen Monaten keine Schwangerschaft ein, suchen die Frauen den behandelnden Frauenarzt auf. Er schlägt zunächst das morgendliche Messen der Basaltemperatur vor, um zu überprüfen, ob die Frau einen Eisprung hat. Es folgen weitere Untersuchungen der Frau und die Einbeziehung des Partners durch die Untersuchung des männlichen Samens.

Ehe sich die Frau oder das Paar versieht, ist es eingespannt in die medizinische Betrachtungsweise des Problems. Die Sexualität wird nun rationalisiert, degradiert und nur noch zur Zeugung des Nachwuchses eingesetzt. Beide Partner, also Mann und Frau, werden in ihrer Gesamtheit, in ihrem Erleben und Verhalten reduziert auf den Vorgang der Befruchtung. Plötzlich sind sie nur noch zwei biologische Wesen, die sich fortpflanzen sollen.

Die Frauen geraten in ein Auf und Ab aus Hoffnung und Enttäuschung und neuer Hoffnung, ein Auf und Ab, das bestimmt wird durch den monatlichen Zyklus. Die emotionale Befindlichkeit richtet sich nach der jeweiligen Phase im Zyklus der Frau. Mit dem Einsetzen der Menstruation wird in regelmäßigem, vierwöchigem Abstand unentrinnbar die Enttäuschung erlebt. Wenn diese Enttäuschungen sich über viele Monate oder sogar Jahre wiederholen, erzeugen sie einen depressiven Sog, aus dem es kein Entrinnen zu geben scheint. Trauer, Verzweiflung, Unwert-Erleben der eigenen Person, das Gefühl, als Frau versagt zu haben und nicht vollwertig zu sein, bestimmen die erste Zeit des Zyklus. Je näher der Termin des Eisprungs rückt, desto größer wird die Hoffnung, daß es in diesem Zyklus klappen könnte. Zum Termin wird der Geschlechtsverkehr gezielt geplant und vollzogen. Es folgt eine Zeit des Wartens und der Hoffnung. Der eigene Körper wird genauestens beobachtet. Jedes Ziehen, jede kleinste Regung wird registriert und unter der Kategorie Schwangerschaftsanzeichen positiv bewertet oder abgetan. Wird ihr übel, mag sie vielleicht etwas Bestimmtes nicht riechen oder spannt die Brust in diesem Zyklus stärker als sonst?

Die Fixierung, der gebannte Blick auf die Schwangerschaft, wird meist verstärkt durch die Erwartungshaltung von Verwandten, Bekannten und Kollegen. Wenn Schwangerschaften oder Geburten gefeiert werden, sehen sich die Paare Bemerkungen ausgesetzt wie: Na, wann ist es denn bei euch soweit? Nun seid ihr aber dran, ihr müßt wohl noch üben! In den Zeiten tiefer Depressionen verschlimmern solche Aussagen zusätzlich das Gefühl von Unvollkommenheit und Minderwertigkeit.

Schon der Anblick eines Kinderwagens oder einer schwangeren Frau auf der Straße kann eine unfruchtbare Frau in Tränen ausbrechen lassen. Die betroffenen Frauen versuchen, den belastenden Situationen auszuweichen. Der Besuch bei Bekannten mit Kindern wird abgesagt, schwangere Freundinnen werden gemieden. Die Frauen werden überschwemmt von Wut und Neidgefühlen gegenüber Frauen, die problemlos schwanger werden, wohingegen sie selbst vielfach größte Anstrengungen unternehmen und trotzdem ihr Ziel nicht erreichen.

Der Neid auf die fruchtbaren Frauen ist ein sehr verbotenes, tabuisiertes Gefühl, das sich die Frauen kaum selbst einzugestehen wagen. So sind sie allein gelassen mit ihren Gefühlen. Aus Furcht, auf Unverständnis und Ablehnung zu stoßen, werden die aggressiven Gedanken, Gefühle und Wünsche versteckt.

Viele Frauen erleben auch Wut auf den eigenen Körper, der nicht geben und tun will, was sie von ihm erwarten. Sie finden sich häßlich, unattraktiv, unweiblich, weil sich in ihrem Körper nicht vollzieht, woran sich ihr Frausein manifestieren soll.

Die medizinischen Möglichkeiten sind eine große Verführung, sich in ein »Fruchtbarkeitsprogramm« einspannen zu lassen. Die Zeit der Fruchtbarkeit ist begrenzt, und je älter die Frauen sind, desto mehr stehen sie unter dem Zeitdruck, die Schwangerschaft in diesen verbleibenden Jahren zu erreichen. Da liegt es nahe, sich zu überlegen, wie weit die Reproduktionstechniken genutzt und alle vorhandenen Möglichkeiten ausgeschöpft werden können, damit man sich nicht später den Vorwurf machen muß, nicht alle Chancen genutzt zu haben. Die medizinische Behandlung erfordert einen immensen Aufwand an Zeit und Energie. Gleichzeitig nehmen der Erwartungsdruck und die Fixierung auf die zu erreichende Schwangerschaft nochmals erheblich zu. Durch den betriebenen Aufwand wird die Hoffnung, monatlich wiederkehrend, hochgeputscht, und entsprechend tief ist der Absturz in Trauer und Depression, wenn dann wieder keine Schwangerschaft eingetreten ist.

Der Kinderwunsch wird in zunehmendem Maße zum augenblicklichen Lebenssinn. Aus den Lebensjahren werden Wartejahre, die in Wartemonate zerfallen. Zum Leben bleibt keine Zeit.

Wie lange die Frauen die Tortur der medizinischen Behandlung durchhalten, hängt davon ab,

- wie alt die Frauen sind,
- wie stark der Kinderwunsch ist,

– wie hoch die Frustrationstoleranz liegt,
– wie weit sie ihre emotionale Befindlichkeit abspalten, sich darüber hinwegsetzen können,
– wie groß das Vertrauen in die Medizin allgemein beziehungsweise den jeweils behandelnden Arzt ist.

Die Frauen steigen in unterschiedlichen Stadien der Behandlung aus dem Prozeß aus. Sie bleiben eines Tages weg, gehen nicht mehr in die Sprechstunde. Sie können den durch den monatlichen Zyklus vorgegebenen, unentrinnbaren Rhythmus von Hoffnung und Absturz nicht mehr ertragen. Sie fühlen sich ausgelaugt, depressiv, am Ende ihrer Kraft. Sie fühlen sich als Versager. Sie haben trotz intensiver Bemühungen der Mediziner, oft auch trotz Einsatz hochtechnisierter Verfahren, das Ziel nicht erreicht. Sie sind durchgefallen, sie funktionieren nicht wie erwartet. Sie fühlen sich schuldig an ihrem scheinbaren Versagen.

Die Frauen und Paare verfallen in eine Phase des depressiven Rückzugs. Sie vermeiden Kontakte, begeben sich in soziale Isolation. Es ist peinlich, mit anderen Menschen über die Problematik zu reden, das Versagen und Nichtfunktionieren einzugestehen.

Die therapeutische Arbeit

Die Frauen, die sich für die psychotherapeutische Gruppe anmelden, haben dadurch schon einen entscheidenden Schritt zur Verarbeitung ihres Leidens und zur Überwindung ihres depressiven Rückzuges geleistet. Sie wagen sich heraus aus der Isolation und der passiven Haltung des Erduldens und bemühen sich um eine aktive Bewältigung der Problematik. Obwohl das mechanistische Denken, nach medizinischer Behandlung nun auch die Psyche »behandeln« zu lassen, häufig Anlaß für die Gruppenarbeit sein kann, ist es nicht das Ziel der Arbeit, nun durch Psychotherapie den Wunsch der Frauen nach einem Kind zu erfüllen. Ziel der Arbeit ist es vielmehr, die Frauen vom Leiden an der Kinderlosigkeit zu befreien. Erst in der gemeinsamen Arbeit der Gruppe zeigt sich, welcher der im Folgenden aufgezeichneten Wege für die jeweilige Frau der richtige ist, sich aus der Depression und der Fixierung auf den Kinderwunsch zu lösen.

Wir gehen bei unserer therapeutischen Arbeit davon aus, daß die Unfruchtbarkeit der Frauen für das Gesamtsystem ihrer Person richtig und sinnvoll ist. Unbewußt liegen für die Frauen zu diesem Zeitpunkt ihres Lebens, in ihrer momentanen Lebenssituation und der sich daraus ergebenden körperlichen wie emotionalen Befindlichkeit schwerwiegende Gründe vor, weshalb es im Körper der Frau zu keiner Befruchtung beziehungsweise keinem Austragen einer Schwangerschaft kommt.

Die Ursachen für eine Unfruchtbarkeit der Frau beziehungsweise der Zeugungsunfähigkeit des Mannes sind zahlreich und vielfältig miteinander verwoben. Die Einflüsse der Umweltbelastungen, der Gifte, die wir durch das Atmen und die Nahrung aufnehmen, die zunehmende Entfremdung der Menschen untereinander, der Leistungsdruck und die Entmenschlichung im gesellschaftlichen Umgang sind einige Faktoren, die sicher Auswirkungen auf die Unfruchtbarkeit haben, die jedoch in ihren Zusammenhängen nur schwer nachweisbar sind.

Für die psychotherapeutische Arbeit ist es entscheidend, daß der Körper der jeweiligen Frauen eine Schwangerschaft verweigert und es zunächst im wesentlichen um die Akzeptanz, die Annahme dieser körperlichen Reaktion geht, gleich, welche Ursachen dafür auch immer vorliegen mögen.

Das Schwergewicht der Arbeit wird auf folgende drei Punkte gelegt:

1. »Öffentlichmachen« der emotionalen Betroffenheit
2. Intensivierung der Körperwahrnehmung
3. Suche nach unbewußten Faktoren, die die Kinderlosigkeit bedingen könnten

Zu 1. »Öffentlichmachen« der emotionalen Betroffenheit

Das Problem der Kinderlosigkeit wird von den Frauen und Paaren weitestgehend geheimgehalten. Allenfalls wird mit sehr guten Freunden darüber gesprochen. Die Trauer, die die Frauen und Paare erleben, ist für Nichtbetroffene meist unverständlich. Dazu kommt vielfach die auch heute noch weit verbreitete Meinung, daß Unfruchtbarkeit und Zeugungsunfähigkeit mit sexueller Inkompetenz, mit Impotenz oder Frigidität zusammenhängen. Dieses Vorurteil verstärkt die Tendenz, Probleme mit der Fruchtbarkeit geheimzuhalten. In Ostfriesland gibt es einen Brauch, daß kinderlosen Paaren am fünften Hochzeitstag ein Kranz aus getrockneten Pflaumen und ausgeblasenen Eiern an die Tür gehängt wird.

Zu diesem Thema werden in Bierlaune Bemerkungen gemacht wie: Der soll mich mal ranlassen, die müssen wohl noch üben. Um sich vor solchen Redensarten und peinlichen Assoziationen zu schützen, hüllen sich die von der Kinderlosigkeit betroffenen Paare in Schweigen. Sie sind bemüht, die Gefühle, die die Unfruchtbarkeit in ihnen auslösen, zu verdrängen. Allenfalls findet mit dem Partner ein emotionaler Austausch statt. Bei den jeweils behandelnden Ärzten ist auch kein Raum für ein ausführliches Gespräch. Erst bei psychischen Zusammenbrüchen und nicht endenwollenden Tränenausbrüchen werden sie gelegentlich an Psychologen verwiesen. Solcherart weitergeschickt, erleben sich die Betroffenen als Wesen, die, als »hysterisch« etikettiert, nur den Klinikalltag stören. In der Therapiegruppe ist es dann zunächst neu und ungewohnt für sie, mit gleichfalls betroffenen Frauen zusammenzutreffen und sich austauschen zu können.

Für viele ist es erleichternd, hier oft zum ersten Mal von ihrer Situation berichten zu können. Durch das Erzählen von den eigenen Erfahrungen mit der Kinderlosigkeit und den verschiedenen Behandlungen werden auch die damit verbundenen Gefühle aktualisiert und lebendig. In der Gruppenarbeit geht es darum, diese Gefühle wahrzunehmen und den anderen Gruppenmitgliedern mitzuteilen, also sie öffentlich zu machen. Die Frauen bringen dadurch nach außen, was sie bis dahin festgehalten oder in sich eingeschlossen hatten. Ein Prozeß des Sich-Öffnens kann in Gang gesetzt werden. Erst allmählich erfassen sie das Ausmaß ihrer Depression und können die damit zusammenhängenden Gefühle von Trauer, Wut und Verzweiflung im geschützten Rahmen der Gruppe zulassen. Es gibt allerdings auch Frauen, die so stark in ihr eigenes Leiden verstrickt sind, daß sie Berichte von anderen Betroffenen als zusätzlich belastend erleben und sich der Gruppenarbeit nicht gewachsen fühlen.

Zu 2. Intensivierung der Körperwahrnehmung

Vielfach können die Frauen durch die ständig wiederkehrende leidvolle Erfahrung ihren Körper nicht mehr richtig wahrnehmen. Sie erleben ihn als fremd, nicht zu sich gehörig und als einen Teil, der zu den Ärzten hingetragen werden muß, um dort die richtige Behandlung zu erfahren. Es gibt Frauen, die die Verantwortung für ihren Körper zeitweise abgeben und auf die Mediziner übertragen. Viele Formen medizinischer Behandlung lassen sich besser ohne gefühlsmäßige Beteiligung und damit nur durch Verdrängung oder Abspaltung der Gefühle ertragen.

Vielfach wird der eigene Körper auch als Feind und Gegner erlebt, gegen den die Frauen ankämpfen müssen und der mit Hilfe medizinischer Techniken besiegt werden soll.

Breiten Raum nimmt in der therapeutischen Arbeit daher der Versuch ein, die Frauen wieder in Kontakt zu ihrem Körper zu bringen, sich in ihn einzufühlen und ihn wieder neu zu spüren.

Dazu müssen zunächst die Gefühle gegenüber dem »Gegner« wahrgenommen und artikuliert werden, um über den Prozeß der Annäherung zum Akzeptieren und zu einer Aussöhnung zu gelangen. Ziel der Arbeit ist es, die Frauen den Körper wieder als Teil ihrer selbst erleben und Verantwortung für ihn übernehmen zu lassen.

Zu 3. Suche nach unbewußten Faktoren, die die Kinderlosigkeit mitbedingen können.

Die Auseinandersetzung mit den möglichen unbewußten Faktoren, die die Unfruchtbarkeit mitverursachen können, nimmt in der gesamten Therapie einen breiten Raum ein. Die therapeutische Arbeit ist ein Suchprozeß, versteckte, unbewußte Ursachen herauszufinden und zu betrachten. Ziel ist es dabei, die hinter dem Kinderwunsch stehenden Konflikte aufzudecken und zu bearbeiten. Es gibt immer wieder aktuelle Anlässe, die die Betrachtung unbewußter Anteile ermöglichen.

Wenn Untersuchungstermine vergessen werden, wenn zum Eisprungtermin ein Partner eine Verabredung außerhalb trifft oder ein Partner keine Lust zum angesagten Geschlechtsverkehr hat, so können all diese kleinen Ereignisse und Alltäglichkeiten einen Ansatz bieten, die durch diese Handlungen sich ausdrückenden unbewußten Anteile bewußtzumachen. Marianne beschreibt in ihrem Interview ausführlich das Raumproblem, das sich ganz unvermittelt stellte, als es um die Frage ging, wo ein adoptiertes Kind in ihrer Wohnung leben könnte. Es war ihr nicht möglich, eine zufriedenstellende Lösung zu finden. Erst nach längerer Auseinandersetzung mit diesem Problem wurde ihr deutlich, daß es vordergründig um die Wohnverhältnisse ging, dahinter aber andere, noch unbewußte Probleme und Konflikte standen. Im Laufe eines längeren Prozesses wurde ihr bewußt, daß nicht nur Raum in ihrer Wohnung fehlte, sondern daß auch generell kein Platz in ihrem Leben für ein Kind vorhanden war. Schließlich entschied sie sich gegen eine Adoption.

Mögliche psychische Ursachen von Kinderlosigkeit

Im Folgenden werde ich mich mit möglichen psychischen Ursachen für eine Kinderlosigkeit befassen. Ich beziehe mich dabei auf meine Erfahrungen in der therapeutischen Gruppenarbeit. Die nachstehenden Beispiele zeigen mögliche Ursachen für psychogene Sterilität auf. Es sind Beispiele psychischer Einflußmöglichkeiten, die den Körper der Frau veranlaßt haben können, das Symptom der Unfruchtbarkeit auszubilden.

Rollenerwartungen

Erziehung bedeutet für den überwiegenden Teil der heute zwanzigjährigen genauso wie für die dreißig- und vierzigjährigen Frauen Erziehung auf die Rolle der Frau hin und damit gleichzeitig auf die Rolle des Mutterseins. Es wird ihnen als Selbstverständlichkeit mit auf den Weg gegeben, daß sie Kinder haben und eine Familie versorgen werden. Es gibt Frauen, die diesen Lebensauftrag als ihre vorrangige Aufgabe ansehen. Aber auch bei Frauen, bei denen Ausbildung und Beruf eine wichtige Rolle spielen, kann dieser Lebensauftrag so fest verwurzelt sein, daß sie neben dem Beruf diese Lebensaufgabe erfüllen wollen. Im Falle der Unfruchtbarkeit ist es dann vielfach ein langer und schmerzlicher Prozeß, von dem seit der frühesten Kindheit geprägten Lebensziel, ein Kind zu haben, Abschied zu nehmen. Deutlich wird dies besonders im Interview mit Elisabeth, deren Kinderwunsch über lange Phasen ihr Leben bestimmt. Schließlich gelingt es ihr, hinzunehmen, daß sie keine leiblichen Kinder haben kann; der Wunsch, mit einem Kind zu leben, aber bleibt.

Manifestation des Frauseins durch eine Schwangerschaft

Bei meiner Arbeit habe ich die Erfahrung gemacht, daß viele Frauen schwanger werden wollen, um zu erleben, »wie das ist«, schwanger zu sein und ein Kind zur Welt zu bringen. Das Ergebnis dieses Prozesses aber: ein Kind zu haben, Verantwortung zu tragen und mit ihm leben zu wollen, das ist für viele Frauen etwas grundlegend anderes und liegt in nebulöser Ferne. Die Phantasien richten sich vielfach ausschließlich auf die Schwangerschaft, auf die sich vollziehende körperliche Veränderung.

Bewußt und vordergründig leiden die Frauen unter ihrer Kinderlosigkeit, unbewußt leiden sie jedoch häufig darunter, zur Schwangerschaft unfähig zu sein. Sie fühlen sich als Frau unvollkommen, erleben sich als minderwertig. Schwangersein bedeutet für sie eine Manifestierung ihres Frauseins. Durch eine Schwangerschaft erhoffen sie sich am eindeutigsten eine Bestätigung ihrer Person als Frau. Eine Schwangerschaft erleben zu wollen, das beinhaltet den Wunsch, die Möglichkeiten der weiblichen Geschlechtsrolle in dem von der Biologie vorgegebenen Rahmen auszuleben. Der Wunsch, sich hinzugeben, zu empfangen und Frucht zu tragen, ist die reinste Form der Abgrenzung gegenüber dem Mann und damit eine Bestätigung der eigenen Biologie.

Machtkampf in der Paarbeziehung

Vielfach ist der Kinderwunsch bei beiden Partnern unterschiedlich stark ausgeprägt. Der Kampf der Partner um die Vorherrschaft in der Beziehung und die Durchsetzung der eigenen Lebensziele kann auf der unbewußten Ebene als Kampf im Bereich von Fruchtbarkeit und Zeugungsfähigkeit weitergeführt werden. Es geht darum, welche unbewußten Gründe dafür auch vorliegen mögen, den Wunsch des Partners nicht zu erfüllen und sich selber machtvoll durchzusetzen.

Deutlich wird dies zum Beispiel dann, wenn ausgerechnet an den fruchtbaren Tagen ein Partner sich mit Bekannten verabredet oder vielleicht gerade dann keine Lust auf Sex aufkommen kann. Vielfach hat ein Partner in der Beziehung für sein Erleben ein unzureichendes Maß an Vertrauen, Respekt, Akzeptanz, Nähe und Zusammengehörigkeit. Es herrscht dann eine Atmosphäre von Vorsicht und Wachsamkeit gegenüber dem Partner. Es scheint zu gefährlich, sich auszuliefern, einzulassen, fallenzulassen oder sich hinzugeben. Es besteht die Angst, daß der Partner die eigene Machtlosigkeit für den Ausbau seiner Macht mißbrauchen könnte. In der therapeutischen Arbeit wird diese Problematik deutlich, wenn beispielsweise hartnäckig von einem oder von beiden Partnern das Heiraten abgelehnt und intellektuell als Relikt der bürgerlichen Gesellschaft abqualifiziert wird. Denn auch heute noch bedeutet eine Eheschließung für die meisten Paare ein Publikmachen der Zusammengehörigkeit und damit eine engere Bindung und Festschreibung der Beziehung. Unzweifelhaft ist die Trennung einer Ehe sehr viel aufwendiger als bei einem Zusammenleben ohne Trauschein.

Der unerfüllte Kinderwunsch verstärkt die Atmosphäre von Mißtrauen in der Beziehung. Es taucht die Frage der Schuldzuweisung auf, die durch die Ergebnisse der medizinischen Untersuchungen beantwortet wird und damit die »Schuldzuweisung« manifestiert. Aus medizinischer Sicht liegen die Ursachen für die Kinderlosigkeit bei Mann und Frau jeweils etwa bei 40 Prozent. Bei 20–30 Prozent der Paare sind die Ursachen der Unfruchtbarkeit bei beiden Partnern zu finden.

Beziehung zur eigenen Mutter

Die Auseinandersetzung mit der eigenen Mutter zeigt bei vielen Frauen, daß sie die Mutterschaft, die Mutterrolle ihrer eigenen Mutter als unbefriedigend für diese erlebt haben. In langen Phasen ihres Lebens spürten sie die Unzufriedenheit, mit der die Mutter ihren Mutterpflichten nachging. Für die Frauen selbst bedeutete dies, daß sie mitunter wenig Zuwendung, Zärtlichkeit oder liebevolle Versorgung abbekommen haben.

Diese Frauen haben kein Vorbild, kein Modell für eine lustvoll erlebte Mutterschaft. Sie haben kein positives mütterliches Rollenmodell bei der eigenen Mutter abgucken können.

Die Abgrenzung von der Mutter, die Ausprägung der eigenen Identität und Individualität ist zu kurz gekommen. In Carolas Interview findet sich diese Problematik besonders wieder.

Bereits ausgelebte Mütterlichkeit

Der überwiegende Teil der Frauen, mit denen wir gearbeitet haben, kam aus sozialen Berufen. Es waren Lehrerinnen, Krankenschwestern, Sozialarbeiterinnen, Erzieherinnen, also Frauen, die für ihre Arbeit spezifisch mütterliche Eigenschaften brauchen. Es entstand der Eindruck, als ob diese Frauen ihre Mütterlichkeit, also ihr einfühlsames, zugewandtes, verständnisvolles, fürsorgliches, hilfsbereites Verhaltensrepertoire bereits voll ausgeschöpft hätten. Unter den Frauen gab es auch einige, die bereits für jüngere Geschwister gesorgt hatten. Sie hatten schon als Kinder oder als junge Mädchen die Mutterrolle für kleinere Geschwister übernehmen und so früh Verantwortung tragen müssen. Bei genauer Betrachtungsweise scheint es, als seien sie schon Mutter gewesen.

Die verdrängte Trauer

Es gibt auch Frauen, die mehrere Fehlgeburten erlitten haben. Bei ihnen hat sich der Kreislauf von Freude über die Schwangerschaft bis zur Trauer über deren plötzliches Ende mehrmals wiederholt. Die Tragik des Erlebens von sich wiederholenden Verlusten, des Absterbens des Kindes im eigenen Körper ist mit dem Gefühl verbunden, das Kind nicht ausreichend versorgen zu können.

Der Körper hat die Versorgung des Kindes eingestellt, die Frauen erleben sich als schuldig an diesem Prozeß. Der Wunsch, dem Teufelskreis von Hoffnung und Enttäuschung zu entfliehen, läßt sie nach der ersten Fehlgeburt vielfach eine neue Schwangerschaft anstreben. Gleichzeitig steigt mit einer erneuten Schwangerschaft die Sorge, ob bei diesem weiteren

Versuch das Kind gehalten werden kann, ob ein ausreichender Nährboden für das gesunde Wachstum des Kindes zur Verfügung stehen wird. Je mehr Fehlgeburten eine Frau hatte, desto größer ist auch die Angst vor Schwangerschaft, die Angst, eine erneute Enttäuschung nicht verkraften zu können.

Im therapeutischen Prozeß geht es um das Zulassen der Trauer über den Verlust der Kinder, die Auseinandersetzung mit den Kindern, für die keine ausreichenden Lebensbedingungen gegeben waren.

Die Auseinandersetzung mit den vollzogenen Schwangerschaftsabbrüchen

Kinderwunschfrauen, die Schwangerschaftsabbrüche haben durchführen lassen, leiden unter der Sorge, daß es wegen der Abbrüche nicht zu einer erwünschten Schwangerschaft kommt. Die Frauen haben vielfach das Gefühl, an der Kinderlosigkeit schuld zu sein und sie durch die Abtreibung mitverursacht zu haben. Die ehemals getroffene Entscheidung wird in Frage gestellt, das Austragen der damaligen Schwangerschaft ausphantasiert. Von den einst ungewollten Kindern gilt es Abschied zu nehmen und die damalige Entscheidung zu akzeptieren.

Ein Kind soll dem Leben der Frau einen Sinn geben

Viele Frauen stellen sich das Leben mit einem Kind bunter und reicher vor, als sie es allein oder mit dem Partner bisher erlebt haben. In der therapeutischen Arbeit wird erkundet, ob das Kind mit seiner Spontaneität und Lebendigkeit unter Umständen stellvertretend die verkümmerte Spontaneität und Lebenslust der Frau leben soll, die sie sich selbst nicht gestatten kann. Es gibt Frauen, die sich eigene Bedürfnisse nicht auszuleben wagen und erwarten, daß ein Kind statt dessen ihre Wünsche realisiert. Es wird hinterfragt, wie weit ein Kind für die Befriedigung eigener Wünsche oder auch die

Überwindung von Einsamkeitsgefühlen und Depressionen stehen soll. Auch die Angst vor Bindung an andere Erwachsene oder das Gefühl, mit sich allein nichts anfangen zu können, können hinter dem Kinderwunsch einer Frau versteckt sein. Auch in diesen Fällen kann der Körper der Frau eine Schwangerschaft ablehnen, weil keine ausreichenden Lebensbedingungen für ein Kind gegeben zu sein scheinen.

Die Akzeptanz der Kinderlosigkeit

Über das Akzeptieren der Kinderlosigkeit führt der Weg aus der Depression. Langsam, ganz allmählich beginnen die Frauen sich mit der Möglichkeit zu befassen, daß sie unter Umständen niemals in ihrem Leben schwanger werden können. Sie beginnen, diesen Gedanken zuzulassen, ein Vorgang, der meist mit starker Trauer einhergeht.

Das Abschiednehmen von dem über Jahrzehnte, mitunter fast das ganze bisherige Leben bewußt oder unbewußt angestrebten Lebensziel, ein Kind zu bekommen, ist sehr schmerzhaft, und die Trauer darüber kann nur in kleinen Schüben zugelassen werden. Diese Zeit der Trauer ist bei jeder Frau unterschiedlich lang. Wenn es gelingt, in zunehmendem Maße mit anderen Menschen angstfrei über das Problem zu reden, so ist ein wesentlicher Schritt zur Akzeptanz der Kinderlosigkeit getan. Gelingt es schließlich, auf die Frage nach eigenen Kindern zu antworten: Ich oder wir bekommen keine Kinder, so sind die Frauen stolz, endlich ohne Tränenausbruch, ohne Gefühle des Verletztseins oder der Verbitterung auf diese Frage antworten zu können.

In diese Zeit fällt auch die Beschäftigung mit der Frage nach dem Schicksal, ob es für die jeweilige Frau vielleicht vorherbestimmt sei, ein Leben ohne Kinder zu führen, und ob sie sich einer anderen Lebensaufgabe zuzuwenden habe.

Durch das Problem der Unfruchtbarkeit erfahren die Betroffenen die Grenzen menschlicher Macht und Fähigkeit. In dieser Situation wird, häufig zum ersten Mal im Leben dieser

Frauen, deutlich, daß sie nichts tun können, um ihr Ziel zu erreichen. Es nützt nichts, eine Leistung zu erbringen, eine Fähigkeit einzusetzen, Geld zu bezahlen, Macht auszuspielen oder was es sonst noch für Möglichkeiten gibt, Ziele, welcher Art auch immer, zu erreichen. In bezug auf den Kinderwunsch ist alles nutzlos.

Durch die neuen Reproduktionstechniken scheinen die Möglichkeiten der aktiven Einflußnahme erweitert, aber bei den weitaus meisten Paaren ist die Manipulation erfolglos. Diese Paare erleben die Grenzen der Machbarkeit unmittelbar am eigenen Leib. In einer Gesellschaft, die leistungs- und profitorientiert ist, in der es zählt, sich anzustrengen und zu bemühen, stoßen die Frauen plötzlich an die Grenzen ihrer Einflußnahmemöglichkeiten. Leistung ist unnütz geworden. Weder Geld noch gute Worte führen zum Ziel. Sie müssen sich eingestehen, daß sie ein Ziel nicht erreichen können. Es gilt, dieses Schicksal hinzunehmen, sich in das Unausweichliche zu fügen und das Leben auf diese Art anzunehmen. In der Gruppenarbeit zeigen sich drei unterschiedliche Wege, um das Leiden an der Kinderlosigkeit zu bewältigen:

1. Schwangerschaft
2. Eröffnung anderer, neuer Lebensperspektiven
3. Adoption

Zu 1. Schwangerschaft

Wenn von der Fixierung auf eine Schwangerschaft Abschied genommen und entspannter mit dem Kinderwunsch umgegangen werden kann, ist auch die Möglichkeit einer Schwangerschaft wieder größer. Befreit vom Leistungsdruck, kann sich unter Umständen eine Schwangerschaft entwikkeln.

Vielen Frauen ist dieser Prozeß verstandesmäßig einleuchtend, und doch ist diese Einsicht emotional oft nur sehr schwer nachvollziehbar. So versuchen manche Frauen mit viel Anstrengung loszulassen, bewußt den Kinderwunsch aus ihrem Sexualverhalten auszublenden oder den Termin ihres Eisprungs zu vergessen.

Sie bemühen sich aktiv um das Loslassen und die Entspannung. Eine lange Reise wird vielleicht geplant oder ein Adoptionsantrag gestellt. Aber alle Bemühungen, durch bewußte Manipulation unbewußte Prozesse steuern zu wollen, bleiben erfolglos.

Wenn eine Frau aus der Gruppe schwanger wird, aktualisiert sich die ganze Bandbreite emotionaler Betroffenheit. Im geschützten Rahmen der Gruppe hat jede Frau die Möglichkeit, die gerade vorhandenen und von einer Sekunde auf die andere wechselnden Gefühle bewußt wahrzunehmen und auszusprechen. Einerseits freuen sich die Frauen am Glück der Schwangeren, andererseits erleben sie ihr gegenüber Wut und Neidgefühle.

Hier aktualisieren sich die gleichen Emotionen, wie sie auch auftreten, wenn im Freundes-, Bekannten- oder Kollegenkreis eine Schwangerschaft eintritt. Während die Frauen im Alltag jedoch die Neid- und Wutgefühle verstecken müssen, um nicht auf Unverständnis und Ablehnung zu treffen, können sie in der Therapiegruppe zugelassen werden und finden auch bei der Schwangeren weitgehend Verständnis. Für sie ist es eine Rollenumkehrung. Bis dahin hatte sie auf der anderen Seite gestanden und selbst diese Gefühle erlebt, denen sie sich nun ausgesetzt sieht. Durch die Nähe, Wärme und Geborgenheit, die aus dem Verständnis für das gemeinsame Leiden erwachsen sind, kann sie nun auch diese Gefühle der anderen mittragen.

Eine in der Gruppe auftretende Schwangerschaft kann für die Frauen auch ein Anlaß sein, sich in nochmalige medizinische Behandlung zu begeben. Einmal noch, ein letztes Mal wollen sie ausprobieren, ob sich ihr Körper nicht doch becircen läßt, oder ob er nicht diesen einen kleinen Anstoß braucht, damit es doch noch zu einer Schwangerschaft kommt.

Zu diesem Zeitpunkt im Prozeß der Auseinandersetzung

betrachten sie ihren Körper schon in einer wesentlich versöhnlicheren Art und Weise. Sie wollen ihm einen Vorschlag unterbreiten, ihm einen Anstoß geben. Ganz im Gegensatz zum Anfang der Therapie, wo er als Feind, als Gegner betrachtet wurde, der verdammt noch mal nicht hergibt, was frau von ihm will.

Zu 2. Entwicklung neuer Lebensperspektiven

Wenn sie von der Fixierung auf das Kind Abschied nehmen, verabschieden sich die Frauen auch von der bisherigen Lebensaufgabe und wenden sich neuen Perspektiven zu. Es beginnt die Suche nach alternativen, neuen Lebensinhalten. Wenn der Streß und der immense zeitliche Aufwand, der für die Erreichung einer Schwangerschaft aufgewandt wurde, wegfällt, wird bei den Frauen viel Energie freigesetzt, die dann zur Bereicherung der eigenen Zufriedenheit eingesetzt werden kann. Dies zeigt sich in der Beschäftigung mit dem eigenen Körper, durch veränderte Ernährung, sportliche Aktivitäten, der Rückgewinnung lustvoll erlebter Sexualität und Intensivierung der Paarbeziehung.

Mitunter entscheiden sich Frauen zu einschneidenden Lebensveränderungen, indem sie beispielsweise neue berufliche Möglichkeiten für sich erschließen oder auch im Zuge der Auseinandersetzung mit ihrer Person und der Intensivierung der Wahrnehmung ihrer Gefühle die Beziehungsproblematik in der Partnerschaft bewußter erleben und sich unter Umständen sogar für die Beendigung der Partnerschaft entscheiden, wie dies im Interview mit Monika zu sehen ist. Frauen können sich auch in einen neuen Partner verlieben und vielleicht gerade dann, wenn die Kinderlosigkeit durch das unzureichende Sperma des Mannes bedingt war.

Zu 3. Eine Adoption wird angestrebt

Wenn der Wunsch, mit einem Kind zu leben, weiterhin besteht, nachdem die Frauen den Prozeß des Abschiednehmens von leiblichen Kindern durchlebt haben und die Trauer darüber, keine eigenen Kinder zu bekommen, zulassen konnten, tasten sich manche Frauen und Paare immer näher an die Möglichkeit heran, ein Kind zu adoptieren. Der Weg zur Adoption ist lang und erfordert ein großes Maß an Ausdauer und Entschlossenheit. Es müssen Lebensberichte geschrieben werden, Anträge gestellt, Ämter aufgesucht und Sozialarbeiter empfangen werden.

Beim Stellen des Adoptionsantrages wird das Auseinanderhalten der zwei unterschiedlichen Motive für den Kinderwunsch besonders deutlich. Die Frauen müssen sich eindeutig für das Leben mit einem Kind entscheiden und von einer eigenen Schwangerschaft Abschied genommen haben. Eine Bestätigung ihrer Weiblichkeit, ihres Frauseins durch eine Schwangerschaft, das Erleben von Fruchtbarkeit und die Erfüllung ihres biologischen Auftrags, Kinder zu gebären, bleibt ihnen verwehrt. Beim Adoptionswunsch sollten sie sich dazu bekennen, auf leibliche Nachkommen zu verzichten und das Kind anderer, fremder Eltern als gleichwertigen Nachwuchs anzunehmen. Die Frauen und Paare sollten sich innerlich damit abgefunden haben, keine leiblichen Kinder bekommen zu können. Nur dann sind sie frei für das Zusammenleben mit dem Adoptivkind und können ihm die notwendige Liebe und Fürsorge entgegenbringen.

Carola, 35 Jahre, Lehrerin

Sie erhoffte sich nach drei Fehlgeburten durch eine Adoption die Befreiung aus dem passiven Leiden.

Ich habe den Kinderwunsch seit sieben Jahren. Und in dieser Zeit hatte ich drei Fehlgeburten. 1978 bin ich zum ersten Mal schwanger geworden und hatte meine erste Fehlgeburt. Seither hat sich der Kinderwunsch noch verstärkt und weiter entwickelt. Schwanger zu werden, das ergab sich, obwohl es nicht geplant war. Rückblickend gesehen, geschah das noch zu einem sehr günstigen Zeitpunkt, da war ich nämlich gerade mit der Referendarausbildung fertig und beruflich nicht mehr angespannt. Ich wäre frei gewesen für ein Kind. Dann war es eine Fehlgeburt, Ende des dritten Monats. Das bedeutet überhaupt nichts, sagten die Ärzte, das kommt oft vor, daß bei der ersten Schwangerschaft ein Abort, wie die Ärzte so schön sagen, erfolgt. Wir sollten uns nichts dabei denken und es einfach weiter probieren. Wir sind dann umgezogen nach Amerika. Nach zwei Jahren wurde ich wieder schwanger. Das Schwangerwerden war kein Problem. Und wieder ging das Kind im dritten Monat ab. Die letzte Fehlgeburt liegt jetzt drei Jahre zurück. Danach bin ich nicht mehr schwanger geworden. Aus welchen Gründen, weiß ich nicht. Sicher spielt die Angst dabei eine große Rolle, noch mal eine Enttäuschung zu erleben, eine vierte Fehlgeburt erleben zu müssen. Mit all den Hoffnungen und Enttäuschungen, die daran geknüpft sind.

Zu den Fehlgeburten kam es zweimal am Ende des dritten Monats und einmal schon in der Mitte des zweiten Monats. Festgestellt wurde, wie oft bei Fehlgeburten, daß das Kind sich nicht mehr entwickelt hatte. Dann dauert es immer noch eine Weile, bis der Körper es abstößt. Es war wahrscheinlich immer der gleiche Zeitpunkt, an dem der Fötus zu wachsen aufhörte. Aber im Grunde genommen konnten die Ärzte auch nichts Genaues feststellen, denn wenn der Fötus abgestoßen wird, dann ist er schon so weit zerstört, daß man daran nichts mehr untersuchen kann. Man konnte mit Ultraschall schon sehen, daß das Kind zu klein war. Nach der zweiten Fehlgeburt wurde mir gesagt, statistisch gesehen sei das noch im normalen Rahmen, so etwas komme sehr häufig vor. Wenn man sich Statistiken ansehe, dann hätten mehrfach Gebärende fast alle wenigstens eine oder zwei Fehlgeburten zwischendurch. Das ist zunächst für die Mediziner nichts Außergewöhnliches.

Der Unterschied für mich war nicht nur, daß es jetzt drei Fehlgeburten hintereinander waren und daß das für mich die Kinder sind, die ich hätte haben können und deren Verlust ich jetzt irgendwie verkraften muß. Mir persönlich hilft es natürlich wenig, wenn mir die Mediziner sagen, ja, das kommt vor, und ich soll es trotzdem wieder probieren. Wie sich jetzt bei mir herausgestellt hat, gibt es einen bestimmten Punkt, an dem der Körper das ganze Leid offensichtlich nicht mehr ertragen kann. Sonst könnte ich mir nicht erklären, warum ich nicht mehr schwanger geworden bin.

Die Ärzte sagten, ich solle darüber hinwegkommen und es dann einfach noch mal probieren. Ich habe gemerkt, daß ich das offensichtlich nicht kann, ganz allein darüber hinwegkommen. Ich habe gemerkt, etwa so nach einem Jahr, nach der dritten Fehlgeburt, irgendwas läuft da psychisch ab. Ich weiß genau, daß ich mich innerlich gegen die Schwangerschaft sträubte. Ich wollte mich mit dem Problem auseinandersetzen. Das war für mich der Grund, in die Kinderwunschgruppe zu gehen. Rückblickend betrachtet, denke ich, daß es tatsächlich der einzige und richtige Weg für mich war, obwohl es immer noch nicht zu einer Schwangerschaft gekommen ist. Das vorrangige war für mich die Trauer um die nicht ausgetragenen Kinder. Das Komplizierte daran ist, daß das Kind, das mir die Trauer nehmen würde, daß die erneute Schwangerschaft, die mir wieder Hoffnung geben könnte, durch die

Trauer irgendwie verbaut ist. Einerseits würde ich liebend gerne schwanger werden und liebend gerne das Kind bekommen, aber offensichtlich kann ich das nach der Erfahrung von drei Fehlgeburten einfach nicht zulassen, weil die Angst zu groß ist. Nach einer Weile bin ich hellhörig geworden und habe gesagt, vielleicht habe ich bestimmte Gründe, daß es diese Fehlgeburten gab. Die Auseinandersetzung mit meiner Mutter spielte eine große Rolle. Vielleicht kann ich so sagen, daß ich kein – wie man so schön sagt – positives Mutterbild mitbekommen habe. Ein Vorbild war sie für mich als Tochter sicher nicht. Mit ihrer Art, Mutter zu sein, konnte ich mich zumindest lange Zeit überhaupt nicht identifizieren. Ich habe sie als Kind irgendwie nicht als rundum, sagen wir mal gute, uneingeschränkt gute Mutter erlebt, sondern als hartherzig, also besonders hart. Da war zu wenig Zärtlichkeit, zu wenig Geborgenheit. Es stellt sich für mich jetzt schon wieder ein bißchen anders dar, wenn ich das aus der Erwachsenenperspektive betrachte. Jetzt sehe ich auch, welchen Anforderungen meine Mutter ausgesetzt war und warum sie vielleicht so war. Aber aus der Kindperspektive kam sie mir einfach sehr hart und wenig zärtlich vor, wenig zugänglich. Sie hatte wenig Zeit für mich, war immer mit ihren eigenen Angelegenheiten total belegt. Sie hatte kein offenes Ohr, mal so darüber hinaus über das übliche Versorgen. Ich habe alles bekommen, was ich zum Überleben brauchte, aber nicht mehr. Außerdem war es für mich als heranwachsende Tochter ganz schlimm, daß sie mir in bezug auf Sexualität ein ganz verkorkstes Bild mitgegeben hat. Mutterdasein ist Leid. Sie ist als Frau dem Mann ausgeliefert. Das Kinderkriegen ist im Grunde genommen auch nur schwierig. Es gab immer diese Leidbetonung. Alles, was mit Ehe, Mutterschaft und Sexualität, Kindern und Kinderkriegen zusammenhängt, ist leidvoll. Als ich meine Menstruation bekam und sehr starke Schmerzen hatte, tat meine Mutter das völlig ab, so in dem Sinne, das ist doch noch gar nichts. Sie wollte mir keine Tabletten geben und mich auch nicht zum Arzt schicken. Sie sagte einfach: Das gehört dazu, und krieg du erst mal Kinder, dann weißt du erst, was Schmerzen wirklich sind. Dazu kam, daß meine Mutter äußerst negativ auf meine erste Fehlgeburt reagiert hat. Sie hat mir da einfach nicht helfen können; obwohl ich mir irgendwie Hilfe von ihr erwartet hätte. Ich hätte es gerne gehabt, daß sie meinen Schmerz versteht. Daß sie als Mutter einfach da ist für mich und daß sie vielleicht einen Trost geben kann, den ich in dieser Situation gebraucht hätte. Genau das Gegenteil war der Fall. Ich konnte nicht akzeptieren, daß alles, was mit Schwangerschaft und Geburt zusammenhängt, nur Leid sein sollte. Ich mußte mich erst mal innerlich von ihr sehr stark distanzieren – eine Zeitlang total. Ich konnte erst später wieder mit ihr darüber reden und kam ihr erst wieder jetzt in den letzten Jahren näher. Ja, nach dieser gewissen Funkstille und einer vorsichtigen neuen Annäherung finde ich es erfreulich, daß meine Mutter durchaus erkennt, was ich in den letzten Jahren durchgemacht habe, ohne daß wir uns darüber genauestens austauschen müssen. Sie wünscht mir eigentlich was Gutes. Aber es hat auch ein paar Jahre gedauert, bis sie das konnte. Ich glaube, daß es für meine Mutter zunächst ein Triumph war zu sehen, daß ich kein Kind bekommen konnte. Sie ist, glaube ich, sehr enttäuscht von ihrem Leben. Sie hat zwar Kinder bekommen, aber offensichtlich war sie auch damit nicht zufrieden. Es war keine warmherzige Beziehung. Ich denke, daß sie es mir nicht gönnen konnte, zufrieden zu sein. Ich bin die einzige Tochter, ich habe alles andere geschafft, was ich so schaffen wollte. Sie sieht, daß ich glücklich bin in meinem Beruf, in meinem Privatleben und in meiner Ehe.

Nun zeigte sich sozusagen ihre unmittelbare Reaktion auf diese Kinderlosigkeit, sie schien mir zunächst mal wie ein Triumph, so ungefähr, na, da zeigt sich ja, daß ich auch nicht alles kriegen kann. Aber sie hat wenigstens drei Kinder. Das hatte sie mir voraus.

Ich glaube, bei jedem größeren Problem wird man auf seine Eltern, die Kindheit oder auch speziell die Mutter zurückgeworfen und macht dabei verschiedene Phasen durch. Ich habe zuerst in meiner Mutter eine Schuldige gesehen, habe ihren Anteil an meinem Leid als Mitschuld gesehen. Dann kam eine Phase, in der ich dachte, wieso lasse ich mich denn da bremsen, mich da mit 'reinziehen? Ich bin ja jetzt ein erwachsener, freier Mensch. Ich will erwachsen sein und mich auch so weit abnabeln, daß ich mich nicht ständig darauf berufen kann, wie sie sich verhalten hat. Meine Mutter hat ja auch ihre Gründe, warum sie so geworden ist und sich so verhalten hat. Inzwischen finde ich es zwar immer noch traurig, daß es früher so gelaufen ist. Aber ich bin jetzt an einem Punkt angekommen, wo ich sie getrennt von mir sehen kann. Ich glaube, inzwischen ist mir das so einigermaßen geglückt. Bei der Adoptionsfrage jetzt war es noch einmal wichtig für mich, wie meine Mutter darauf reagieren würde. Ob sie meinen Wunsch anerkennen würde als meine Art, meinen Konflikt zu lösen, oder ob sie wieder in der alten Manier sagen würde: Ja, das kannst du zwar machen, aber das hilft dir dann doch nicht weiter, weil es ja kein eigenes Kind ist. Aber sie hat sehr positiv reagiert. Sie hat es jahrzehntelang nicht geschafft, von dem Bild, daß eine Frau leiden muß, wegzukommen. Ich schaffe das jetzt mit der Entscheidung, ein Kind anzunehmen. Daß sie so positiv darauf reagiert, zeigt mir, daß sie inzwischen auch von dem alten Bild weggekommen ist. Sie wünscht mir nicht mehr das Leben, das sie dreißig Jahre lang geführt hat, sondern möchte wirklich, daß ich glücklich bin.

Ein ganz wichtiger Schritt, mich von den alten Vorstellungen zu befreien, war für mich die Entscheidung, in die Gruppe zu gehen. Damit bin ich zum ersten Mal aktiv geworden, und damit war ich auch bereit, meinen Schmerz zu relativieren. Ich wußte, da sitzen sieben oder acht Frauen, die sich alle mit demselben Problem herumplagen. Ich hoffte, daß ich meinen Schmerz würde teilen und dadurch auch besser ertragen können, und erhoffte mir eine Befreiung aus diesem eingeigelten Leidenwollen, was man eben so vereinzelt in seinem Kämmerlein macht. Es war schon ein ganz großer Schritt, mich dorthin zu trauen. In die Öffentlichkeit zu gehen, das ist das Entscheidende. Da hat mir die Arbeit in der Gruppe geholfen. Es waren eineinhalb Jahre.

Ich wußte am Anfang, als ich in die Gruppe kam, nicht, worauf das hinauslaufen würde. Ich wußte nicht, daß ich ein Kind adoptieren wollte, und bin nicht in die Gruppe gegangen, um das nur noch mal zu besprechen. So war es überhaupt nicht. Ich war verzweifelt, unfähig, mit den Tatsachen umzugehen. Das war für unsere Beziehung eine große Belastung. Wir hatten beide diesen Schmerz. Die Gespräche in der Gruppe waren richtige Arbeit, eine Aufgabe. Dafür gab es einen bestimmten Termin. Das war Energie, die ich da hineingesteckt habe. Ich war auch dazu bereit. Ja, es hat sehr viel Kraft gekostet, eine Kraft, die ich sinnvoll eingesetzt habe, von der sehr viel wieder zurückkam und zurückfloß und die mich gestärkt hat, diesen Weg weiter zu gehen, den ich eingeschlagen hatte.

Ich bin noch nicht lange in dieser Stadt. Meine Freundin, die ein Kind hat, war immer sehr weit weg, ich habe mich trotzdem mit ihr intensiv auseinandergesetzt. Sie hat ein zweieinhalbjähriges Töchterchen. Ich bin überzeugt, wenn ich sie öfter gesehen hätte, hätte ich bestimmt schon früher Aggressionen und Neid entwickelt. Alle Frauen in der Gruppe plagen sich damit herum. Es tut gut, zu sehen, daß andere Frauen das auch haben, Eifersucht und Neid auf schwangere Frauen in der Umgebung, auf der Straße, anonym, aber natürlich auch auf Frauen aus der engeren Umgebung, im Freundeskreis. Dieses Problem wird noch verstärkt, weil immer mehr Leute in unserer Umgebung, in unserem Alter Kinder haben und kriegen. Selbst die, die immer gesagt haben: Nein, das verschieben wir noch, wenn überhaupt, die haben inzwischen ihre Kinder bekommen. Ich werde immer stärker damit konfrontiert, daß ich älter werde.

Jetzt sind wir fast zehn Jahre verheiratet, und es ist nicht mehr viel Zeit, in der ich überhaupt ein Kind bekommen kann. Zwei Frauen aus meinem unmittelbaren Bekanntenkreis sind jetzt schwanger geworden. Das war für mich eigentlich zum ersten Mal auch eine Zeit, in der ich Wut und Aggression und Neid und Eifersucht so richtig massiv erlebte. In der Gruppe konnte ich diese Wut, den Neid, die Eifersucht zulassen, weil ich niemanden dadurch verletzte. Der Freundin oder meinem Mann gegenüber hätte ich das nicht so äußern können, das hätte sie schockiert und verletzt, das Ausmaß meiner Wut, meines Neides. Die anderen Leute setzen einem immer mehr Kinder vor die Nase. Dem kann man nicht entkommen, und das verstärkt den inneren Druck. Da kannst du nicht ausweichen, es gibt kein Entrinnen. Ich bin jemand, der lange braucht, bis er zu einem Entschluß kommt, aber wenn ich soweit bin, bin ich ein sehr entschiedener und sehr entschlossener Mensch. Ich bin kein Mensch, der in Depressionen versinkt. Mir ist jetzt im nachhinein klar, daß das eine notwendige Zeit der Trauer war, aber daß ich ganz tief in mir an meiner inneren Gesundheit nicht gezweifelt habe und auch eine Stärke in mir gefühlt habe, daß ich eine Lösung suchen und auch finden würde. Sonst wäre ich wohl auch gar nicht in die Gruppe gegangen. Ich kann das Ganze auch rationalisieren. Ich bin ohne Kind auch ganz glücklich, ich habe einen tollen Beruf, und wir können in Urlaub fahren, wann wir wollen. Ich war dann auf dem Weg zu sagen, dem Kind zuliebe stecke ich zurück, verändere ich, wie ich jetzt lebe. Eine Adoption oder auch ein eigenes Kind bedeutet einen Schritt ins Ungewisse und erfordert sehr viel Mut. Solange ich mich in dieser Richtung nicht entscheiden konnte, war die Schwangerschaft eigentlich auch eine Überforderung. Für mich kommt nachträglich das fast verrückte Ergebnis heraus, daß ich offensichtlich noch gar nicht weit genug war, um ein eigenes Kind zu kriegen. Als wäre ich nicht sicher genug in meiner Entscheidung für ein Kind gewesen. Die Phantasiereise in der letzten Stunde hat das noch ganz deutlich gemacht. Wir sollten uns einen steilen Berg vorstellen und dort hinaufgehen. Es war überhaupt nicht steil für mich, es war auf einmal ein ganz leichter Weg, ja eigentlich war es dann auch gar kein richtiger Berg mehr. Vom Gefühl her hat er sich nicht so hoch angefühlt. Es war das Gefühl, jetzt hast du den Weg gefunden, den du gehen willst, und das ist genau der richtige, der ist unbeschwert und den kannst du jetzt gehen. Der ist auch zu schaffen. Dieses Bild hat meine jetzige Situation genau ausgedrückt. Ich bin so ganz zuversichtlich und optimistisch.

Die Trauer über die drei Kinder, die ich verloren habe, die bleibt. Die bleibt wahrscheinlich immer. Aber die vernebelt nicht mehr mein Leben. Ich kann sie empfinden, ich kann sie auch äußern, auch meiner schwangeren Freundin gegenüber. Ich kann ihr sagen, daß es mir immer noch weh tut, ihren Bauch zu sehen. Ich muß jetzt damit leben, daß ich keine Schwangerschaft erleben werde. Das tut mir weh, aber es ist nicht mehr Verzweiflung oder Bitterkeit. Nein, ich verleugne nicht, daß es etwas Schönes ist, was ich gewollt habe und was ich auch ansatzweise gespürt habe, als ich schwanger war. Es kommt mir so vor, daß jeder Mensch solche Verluste erlebt, nur an verschiedenen Punkten in seinem Leben. Irgendwann verliert man seine Eltern, oder man kann auch ein Kind, das man hat, verlieren. Das sind Dinge, mit denen man irgendwie fertig werden muß. Man kann deswegen nicht aufhören, selber zu leben. Jetzt, nachdem ich mich zur Adoption entschieden habe, bin ich wieder mehr auf meine Mutter zugegangen. Ich habe ihr geschrieben, wie es mich gefreut hat, daß sie auf die Entscheidung, ein Kind zu adoptieren, so positiv reagiert hatte. Dadurch ist der Kontakt wieder neu geknüpft. Jetzt habe ich das Gefühl, wenn ich ein Kind habe, ist es mir auch nicht mehr unangenehm, mir vorzustellen, daß sie die Großmutter meines Kindes ist. Ich fühle mich ihr gegenüber einen Schritt freier und unabhängiger. Ich glaube, ich kann ihr nun auch Dinge sagen, die ihr vielleicht nicht passen. Wir müssen uns jetzt nicht mehr so verletzen. Auch sie möchte jetzt aus der Zeit, die ihr noch verbleibt, was Gutes machen. Ich denke, daß das auch etwas mit dem Alter zu tun hat, daß sie milder und zugänglicher wird.

Inzwischen erzähle ich schon fast allen Freunden, daß wir

ein Kind adoptieren wollen. Die reagieren alle positiv und finden es ganz toll. Mein Mann, denke ich mir, hat diese Dinge sicher auch rumgewälzt und sie auf eine andere Weise verarbeitet oder auch nicht verarbeitet. Ich habe auch versucht, ihn daran teilhaben zu lassen an dem, was sich für mich in der Gruppe abspielte. Wir haben mindestens zwei Jahre immer wieder über Adoption gesprochen, aber nie so ernsthaft. Wir haben viel diskutiert, immer vor und zurück bewegt, Vorteile, Nachteile, seine Bedenken und meine Bedenken. Rückblickend denke ich, daß sich unsere Ambivalenz die Waage gehalten hat, und solange ich bei ihm nicht die wirkliche Bereitschaft spüre, kann ich das nicht. Ich möchte nicht über seinen Kopf hinweg auf etwas drängen, es soll eine Entscheidung von uns beiden sein. Bis ich dann gemerkt habe, daß es in jeder Beziehung Punkte gibt, wo nicht alles synchron laufen kann. Wir mußten die Entscheidung zur Adoption beide tragen, das war mir klar. Mir war die Adoption auch nicht so wichtig, daß ich mich von ihm getrennt hätte, wenn er nicht einverstanden gewesen wäre. Das ist auch eine Lösungsmöglichkeit für manche Frauen. Aber das wollte ich nicht, das wollten wir offensichtlich beide nicht. Aber da ist nach wie vor das Problem, wie schafft man das, daß man sich nicht gegenseitig bremst, sondern seine eigenen Entwicklungsschritte macht, die für einen notwendig sind? Dann begibt man sich auf ein ganz neues Terrain, in das der andere vielleicht nicht folgen kann. Aber über die Auseinandersetzung ist es möglich, wieder zusammenzukommen. So würde ich die Entwicklung bei uns beschreiben. Da ich in die Gruppe ging, war ich lange Zeit im Vorteil. Was er nur mit sich abmachen konnte, das habe ich in der Gruppe verarbeiten können. Ich habe meinem Mann lange Zeit nichts von der Gruppe erzählt, erst als ich diesen Wutausbruch hatte. Der Wutausbruch war ganz entscheidend. Es war die Wut auf das Ausgeliefertsein, auf die Hilflosigkeit gegenüber dem Schicksal. Nach der langen Phase der Trauer über meine verlorenen Kinder brach die Wut über diese Passivität, dieses Erduldenmüssen, dieses Leiden unter dem Frausein oder auch dem nicht »ausreichenden« Frausein durch. Ich habe getobt und geschrieen und gleichzeitig gemerkt, daß ich jetzt nicht mehr leiden will. Es war genug.

Bis zum nächsten Tag habe ich alles im Kopf herumgewälzt und hab' die Wut auch immer noch gefühlt. Ich hab' ihm klargemacht, daß für mich ein Endpunkt gekommen ist und daß ich jetzt handeln will und daß jetzt irgendwas passieren muß. Ihm hat es geholfen, daß ich mich entschieden hatte.

Diese Klarheit und Entschlossenheit wurde nicht durch tausend Worte, sondern einfach durch meine Haltung ausgedrückt. Das war das Entscheidende. Im nachhinein sagt mein Mann deutlich, daß er meine Entschlossenheit gebraucht habe, daß er sich vorher gebremst habe und daß wir uns beide sozusagen auf den anderen berufen hätten mit unserer Unentschlossenheit und uns zurückgehalten hätten mit unserem Wunsch. Es war nur die Frage: Wer wagt es eigentlich zuerst? Nach unserem Entschluß war ich noch sehr vorsichtig und wußte nicht, wem ich von der Adoption erzählen sollte oder ob ich es überhaupt jemandem erzählen sollte. Da erzählte er irgendwann mal, er habe Freunde getroffen, denen hatte er davon schon erzählt. Er war sich da ganz sicher in seiner Entscheidung. Es war für ihn auch eine richtige Erleichterung, daß ich mich entschieden hatte. Dadurch konnte er auch seine Zweifel überwinden. Unsere Ehe ist insgesamt sehr gut. Wir sind jetzt zehn Jahre zusammen, und sie hat trotz dieser enormen Belastung sehr gut gehalten. Seit wir uns für die Adoption entschieden haben, ist unsere Beziehung ständig besser geworden. Wir sind von einer großen Last befreit, von einem großen Stein, und wir können viel entspannter miteinander umgehen. Die gewisse Lähmung, die ich sehr stark empfunden habe, war auch in der Beziehung spürbar. Also das, was einen immer ein bißchen runterzieht, obwohl es insgesamt gutging, das ist jetzt weg.

Es geht uns auch sexuell noch besser als bisher, obwohl das nie richtig problematisch war. Die Phantasie, schwanger zu werden, ist nicht weg. Sie ist wahrscheinlich so lange nicht weg, bis ich sagen muß, jetzt bin ich vierzig, und jetzt ist es nicht mehr möglich, rein biologisch. Die Phantasie ist im Hinterkopf und wird sicher auch bleiben. Es könnte auch passieren, daß ich ein adoptiertes Kind habe und dann noch eines kriege. Das halte ich durchaus für möglich. Aber ich klebe nicht mehr daran. Die Lösung liegt jetzt woanders. Wenn ich jetzt schwanger werden würde, ich würde die Adoption trotzdem weiterverfolgen. Ich könnte mir nicht vorstellen, daß das was ändern würde. Eine Schwangerschaft ist bei mir noch so angstbesetzt.

Eine Freundin, die ein adoptiertes Kind hat, war zu Besuch hier. Wir haben mit ihr darüber geredet, ob wir uns auch Zwillinge wünschen sollten, weil man das auch angeben kann. Selbst das können wir uns inzwischen vorstellen. Ich hätte schon am liebsten einen ganz kleinen Säugling. Ich will mit dem Kind zusammenwachsen und hineinwachsen in die Aufgabe. Das wäre ideal. Aber wenn es ein halbes Jahr alt ist und wir haben das Gefühl, wir können eine Beziehung aufbauen, dann spielt das Alter keine Rolle. Das kann man nicht rational entscheiden und festlegen wollen.

Beim eigenen Kind entscheidet man das ja auch nicht, ob das Kind nun helle Haare hat oder dunkle, sondern man nimmt es, wie es kommt, so ist es auch fast mit dem Adoptivkind. Es kommt zwar von außen, und man hat natürlich Wunschvorstellungen, wie leibliche Eltern auch. Ich stell' mir vor, daß es so dahergeflogen kommt, und ich werde dann sehen, ob ich eine Beziehung herstellen kann. Da werde ich mich auch klar äußern. Ich fühle mich ganz sicher. Ich bin ganz sicher in mir. Ich werde mich richtig entscheiden.

Nachinterview Carola: Als sie den Adoptionsantrag gestellt hatte, wurde sie schwanger.

Nachdem der Adoptionsantrag ein halbes Jahr lief, wurde ich schwanger. Plötzlich ist es mir so ergangen, wie es in Büchern oft zu lesen ist. Wir kamen von einer Reise zurück, und ich war vielleicht in der achten oder neunten Woche. Das war immer die kritische Zeit. Aber ich bin nicht zum Arzt gegangen und habe noch nicht einmal einen Schwangerschaftstest gemacht. Dann rief uns die Frau von der Vermittlungsstelle an, daß wir hinkommen sollten. Ich dachte, jetzt mußt du doch einen Test machen. Der Test war positiv. Wir haben uns überlegt, ob wir es erzählen wollen. Ich hatte ein bißchen Bedenken, daß es wieder schiefgehen könnte. Das war meine Angst. Ich konnte mir nicht vorstellen, daß es gutgehen könnte mit der Schwangerschaft.

Bei der Adoptionsstelle sagten sie, das sei ja wunderbar, sie wünschten uns viel Glück. Und wenn es tatsächlich mit dem eigenen Kind nichts werde, dann kämen wir halt wieder, und dann schauten wir weiter. Dadurch hatte ich das Gefühl, na prima, irgendwas klappt jetzt. Entweder es klappt mit der Schwangerschaft, oder es dauert nicht allzu lange, und dann kriegst du eben doch ein Kind. Das gab mir so viel Auftrieb, Lockerheit und Leichtigkeit. Ich war ganz zuversichtlich.

Die Ärzte hatten mir damals immer schon sehr früh gesagt, daß es sehr schlecht aussehe. Ich mußte dann abwarten. Diese Zeit war am schrecklichsten. Das Urteil war sozusagen schon da, und jedesmal habe ich dann zwei, drei Wochen ausgeharrt mit dem Gefühl, zu 99 Prozent geht es wieder daneben. Dieses Gefühl, schwanger zu sein, aber eigentlich ist das Kind vielleicht schon tot, jedenfalls nicht richtig entwickelt, das fand ich so schlimm, daß ich diesmal nichts wissen und es lieber auf mich zukommen lassen wollte.

Der Arzt war erstaunt, als ich sagte, ich wolle die Ultraschalluntersuchung nicht, ich wolle damit noch zwei, drei Wochen warten. Er ging darauf ein. Ein paar Wochen später sind wir zu zweit hingegangen, und er hat den Ultraschall gemacht. Er meinte, dieses Mal sehe alles ganz prima aus. Das war so vielleicht in der zehnten, elften, zwölften Woche. Natürlich war eine gewisse Unsicherheit dabei, nach wie vor, ich konnte das gar nicht so richtig glauben. Trotzdem schwebte ich gleichzeitig irgendwo über allen Wolken. Ich wartete aber noch bis zur fünfzehnten, sechzehnten Woche, ehe ich anfing, meinen Freunden und anderen Leuten etwas zu sagen. Das war doch schwierig für mich. Ich wollte erst selber einigermaßen sicher sein, daß es dieses Mal gutgeht. Ganz viele Leute haben gesagt: Ja typisch! Das mußte ja so kommen. Nur für uns ist es eigentlich nach wie vor ein Wunder.

Die Schwangerschaft habe ich als etwas ganz Wunderbares erlebt. Und dann zum ersten Mal das Gefühl, daß es hält. Das war großartig. Nachdem diese kritische Phase überstanden war und ich so ein positives Gefühl hatte, kam dann die Frage auf, ob ich die Amniozentese machen lassen sollte. Der Arzt sagte: Sie sind schon bald 35 Jahre alt, und er hat mir zugeraten. Ich habe es aber nicht machen lassen, wegen des Risikos, das damit verbunden ist. Das hätte ich mein Lebtag nicht ertragen, wenn dadurch eine Fehlgeburt ausgelöst worden wäre. Und das ist ja möglich. Nein, ich habe gesagt, ich akzeptiere das Kind so, wie es ist. Ich kann das gar nicht erklären, aber es war für mich klar, ich habe gar nicht lange gebraucht, mich dagegen zu entscheiden.

Wir sind dann zu meinen Eltern gefahren, um es ihnen persönlich zu sagen, nicht am Telefon, das war sehr schön. Zehn Tage nachdem wir bei ihnen waren, hatten sie dann einen Unfall. Mein Vater ist dabei tödlich verunglückt. Das war ein unheimlicher Schock, ein Einbruch in die ganze Freude. Gerade mein Vater hatte sich so sehr gefreut, daß ich schwanger war. In der Zeit war ich im fünften Monat. Ich hatte schon einen kleinen Bauch.

Tief im Innern hatte ich große Angst, daß das Kind Schaden nehmen würde. Als ich meine Mutter im Krankenhaus sah, das war ganz schrecklich, da war solche Unsicherheit in mir. Ich bin dort zu einer Gynäkologin gegangen, habe eine Ultraschalluntersuchung machen lassen. Ich war unsicher geworden. Ich hatte das Gefühl, das Kind bewege sich nicht mehr so viel. Ich steigerte mich da hinein. Dann habe ich mir gedacht, ehe du dir jetzt noch selber Panik machst, gehe lieber zu einer Untersuchung und sichere dich ab. Danach war es besser. Innendrin, wußte ich, war ich abgeschirmt, es konnte mir eigentlich nichts passieren, aber es gab eben doch Momente, in denen ich besorgt war.

Die Schwangerschaft war auch so etwas wie ein Schutz. Erst nach Annas Geburt und nachdem die ersten euphorischen Wochen vorbei waren, setzte eine ganz starke Trauer ein. Weil ich dann erst wieder ein bißchen Ruhe hatte und auch dieser Schutz nicht mehr da war. Erst dann konnte ich die Trauer um meinen Vater zulassen, und dann war auch genug Kraft zum Trauern vorhanden.

Bevor ich mich zur Adoption durchringen konnte, gab es für mich einen klaren Verzicht auf eine Schwangerschaft. Für eine Frau ist es schwierig, die beiden Dinge auseinanderzuhalten, weil das miteinander einherzugehen scheint, der Wunsch nach dem Kind und der Wunsch nach der Schwangerschaft. Ich glaube, daß es hier die Männer einfacher haben, weil die nur Vatersein erleben können. Und wenn man jahrelang unter der Kinderlosigkeit leidet, kann es leicht passieren, daß man das Kinderhaben idealisiert und mystifiziert. Durch das Leben mit dem eigenen Kind merke ich, wie viele von diesen Mystifikationen abfallen, allein durch den banalen Alltag, den man mit dem Kind erlebt. Du erlebst wahnsinnig viel Freude und Glück. Aber auf einmal komme ich mir so völlig normal vor, auf eine gute Art und Weise. Während vorher an einem Kind ja wirklich meine ganze Glückseligkeit zu hängen schien, habe ich jetzt das Gefühl, seitdem Anna da ist, bin ich ein normalerer, realistischerer Mensch geworden. Ich schwebe nicht mehr irgendwo im übertriebenen Gefühl des Alles-in-der-Welt-erleben-Wollens oder des Dann-bricht-die-Welt-zusammen-Denkens.

Wichtig war für mich die Erkenntnis, daß die Schwangerschaft und die Tatsache, ein Kind zu haben und großzuziehen, zwei verschiedene Paar Schuhe sind. Nach Annas Geburt merkte ich, daß ich sie zuerst überhaupt nicht mit dem Kind, daß in meinem Bauch gewesen war, in Verbindung bringen konnte. Ich bin der Überzeugung, daß sich, wenn du ein Adoptivkind als Neugeborenes bekommst, die Prozesse, die du durchmachst, um dein Kind kennen- und liebenzulernen, in nichts unterscheiden, als wenn du das Kind selber bekommst. Du mußt es erst kennenlernen und dich darauf einstellen. Es mag vielleicht beim Adoptivkind am Anfang ein bißchen mehr Künstlichkeit dabei sein. Aber wo das Kind nun auch herkommt, ob aus deinem Bauch oder von der Vermittlungsstelle, es ist alles neu. Kriegst du ein Kind, und das ist nicht von vorneherein dein Kind, es wird erst zu deinem Kind durch die Beziehung, die du zu ihm entwickelst. Es ist nicht dein Kind dadurch, daß du es geboren hast. Es gehört dir ja sowieso nicht. Das denkt man sich so oft abstrakt. Das Kind war mir anfangs sehr fremd. Es hatte nichts mit dem zu tun, was ich empfunden hatte, als ich schwanger war. Es hatte nichts mit dem Baby zu tun, das eben noch in meinem Bauch war. Ich hatte so eine Art Phantasiebaby im Kopf entwickelt. Das Kind, das jetzt mit seinen Anforderungen und Verhaltensweisen da ist, mit dem Kind konnte ich mich nicht identifizieren. Das war tatsächlich ein fremdes, in sich geschlossenes Wesen, das ich erst mal kennenlernen mußte. Und das war für mich tatsächlich wie ein Schock. Das ging so weit, daß ich mich wie gar nicht zuständig für dieses Kind gefühlt habe. Ich mußte die Muttergefühle erst entwickeln. Obwohl ich sie mir ein Jahrzehnt lang sehnlichst gewünscht und tausendmal in allen Variationen vorgestellt habe.

Für mich war das Stillen der entscheidende Unterschied zwischen einem eigenen Kind und einem Adoptivkind. Das Stillen selber stellt diese körperliche Verbundenheit dar, die eine Adoptivmutter nicht herstellen kann. Diese besonderen Gefühle, die ich mit dem Stillen verbinde, bedeuten für mich intensive Mütterlichkeit. Bei mir hat es nicht geklappt. Ich wollte es erzwingen, aber es ging nicht. Anna hat nicht genug Milch bekommen.

Ich hatte soviel Herz an das Stillen gehängt und brauchte zwei, drei Wochen, um von dieser Ideologie wegzukommen, um mir zu sagen, na, das macht auch nichts, du kannst trotzdem mütterlich sein. Inzwischen bin ich von diesem übertriebenen Stellenwert der Stillerei weggekommen. Nach wie vor tut es mir leid, daß es nicht geklappt hat, weil darin schon eine besondere Nähe liegt. Aber damals, als ich auf dem Höhepunkt der Krise war, dachte ich, ohne Stillen kann ich irgendwie gar nicht mütterlich sein. Das ist natürlich Quatsch.

Das war für mich ein Punkt, wo ich noch mal auf meine eigene Geschichte zurückgeworfen wurde. Ich glaube, es sollte fast ein Beweis meiner Mütterlichkeit sein, daß ich stillen kann. Da ging es gar nicht mal mehr so sehr um Anna, da ging es fast mehr um mich. Meine Mutter hat nicht gestillt. Sie konnte mir auch wenig Zärtlichkeit geben. Ich dachte, na mit dir ist das ja was ganz anderes, aber das war es nicht. Vielleicht wollte ich ihr auch zeigen, daß ich das kann, mich absetzen von ihr. Und dann der Schock, es klappt nicht. Zu sehen, in der Realität klappt das auch bei dir nicht. Das war ein Lernprozeß von Wochen und Monaten, bis ich sagen konnte, ich bin die Mutter, die ich bin. Ich bin mütterlicher als meine Mutter, auch wenn ich mein Kind nicht stillen kann.

Nach einigen Wochen tauchte dann meine Mutter hier auf. Ich wollte nicht, daß sie gleich am Anfang kommt. Nachdem ich die ganze Stillerfahrung hinter mich gebracht hatte, lief das auch mit meiner Mutter sehr gut. Ich hatte auch nicht mehr diesen Drang nach ständiger Abgrenzung. Sie machte mir Vorschläge, wie sie etwas machen würde. Ich konnte mir das ganz ruhig anhören und dann entscheiden, ob ich es so machen wollte oder lieber anders. Das war für uns beide gut. Inzwischen könnte ich es mir gut vorstellen, noch ein zweites Kind zu bekommen. Wir sind als Familie langsam zusammengewachsen. Wir werden es auf uns zukommen lassen.

Monika, 25 Jahre, Bankkauffrau

Kinderwunsch seit sieben Jahren. Sie unterzog sich erfolglos ausdauernden medizinischen Behandlungen.

Den Kinderwunsch habe ich schon ewig, schon seit meiner Kindheit. Ich habe immer gern mit Puppen gespielt, hab' die gewickelt und gepudert. Ich wollte auch gerne Geschwister haben. Ich bekam einen Bruder, der ist aber kurz nach der Geburt gestorben. Dann kam meine Schwester, das war für mich ganz toll. Ich habe mich um das Kind gekümmert, ich habe sie gefüttert und gewickelt, bin mit ihr spazierengegangen. Meine Mutter hat sich voll auf mich verlassen können. Ich war neun Jahre alt, als meine kleine Schwester geboren wurde. Ich fand sie toll, und wir lieben uns beide heute noch abgöttisch. Na ja, meine Mutter ist kinderlieb, und von daher rührt auch meine Liebe zu Kindern. Ich habe damals auch meine Eltern überredet, daß ich noch ein Brüderchen oder Schwesterchen kriege, mein Vater wollte eigentlich nicht, aber meine Mutter und ich haben ihn so bekniet, daß er gesagt hat, gut, dann machen wir noch eins. Ich glaube, ich wollte damals schon Mutter werden. Das Kind versorgen und pflegen und immer etwas um mich haben, das hat mir gefallen. Ich kann nicht gut allein sein. Das ist für mich ein wichtiger Punkt. Ich hatte Angst, allein zu sein. Meine Eltern konnten mich nie allein lassen. Aber als meine Schwester geboren war, hatte ich keine Angst mehr. Dieses kleine Würmchen, das doch nichts ausrichten konnte, es war da, und damit war die Angst weg. Auch heute kann ich nicht allein zu Hause bleiben, dann habe ich auch Angst. Jetzt habe ich einen kleinen Hasen, das ist mein Kindersatz, der mich tröstet. Ich kann mit ihm reden, auch wenn er mir nicht antworten kann, das ist egal. Aber es ist etwas Lebendiges neben mir, nicht nur tote Gegenstände. Wenn ich irgendwelche Geräusche höre, können sie von diesem Lebewesen kommen. So ganz allein in der Wohnung, dann knackt es da und knistert da, das ist für mich ganz furchtbar. Früher wußte ich nicht, was ich machen sollte. Ich wäre gerne ausgegangen, aber Andreas mochte das nicht, wenn ich allein wegging. Das gab schon mal einen dollen Streit. Na ja, und immer zu Hause sitzen, das war auch nichts. Ich habe auch keine weiteren Hobbies, es war mir langweilig. Dann habe ich den Hasen bekommen, da hatte ich Beschäftigung. Jetzt bin ich froh, wenn ich mal alleine bin, dann stricke ich oder lese oder setze mich hin und höre Musik. Dann kann ich über alles nachdenken. Inzwischen mag ich es. Das Alleinsein ist ungefähr seit drei Jahren nicht mehr so schlimm. Das hat sich so entwickelt, wahrscheinlich durchs Älterwerden. Allein gehe ich gar nicht weg, auch mit meinem Mann gehe ich nicht aus. Ich bin 25, und er wird 32 Jahre alt. Er geht nicht mehr in die Diskothek tanzen, das ist für ihn ein Greuel. Ich mache das wahnsinnig gern. Aber leider habe ich nicht die richtigen Freunde oder Bekannten. Die, die wir zusammen haben, sind auch schon älter und gehen auch nicht mehr weg. Meine Freundin hat zwei Kinder, bei der ist es sowieso passé, die kann nicht mehr weggehen. Ich vermisse es nicht mehr so sehr. Ab und zu gehen wir von der Arbeit aus in die Diskothek; dort tobe ich mich aus, und das reicht das ganze Jahr. Als ich Andreas kennenlernte, das ist jetzt fast neun Jahre her, habe ich ihm sehr bald gesagt, daß ich ein Kind von ihm haben möchte. Ich war gerade in der Lehre. Er meinte aber, ich solle erst mal auslernen, und dann könnten wir weitersehen. Mir ging es nicht schnell genug mit der Lehre. Als ich ausgelernt hatte, das war 1979, fing ich wieder an, davon zu reden. Zuerst wollte er noch nicht so und meinte: Mach noch ein bißchen praktische Arbeit, und dann werden wir sehen, wir sind ja noch jung. Ich habe so Anfang 1980 angefangen, Andreas ein bißchen anzuschmieren, weil er nicht wollte. Ich habe ihm nicht gesagt, wann ich meine Tage hatte. Aber es hat trotzdem nicht geklappt. Ich habe ihm auch nichts gesagt, als ich zum Arzt ging, weil mir das komisch vorkam, daß es nicht klappte. Ich hatte es doch sogar abgepaßt, daß wir in der Mitte meines Zyklus' zusammen geschlafen haben, aber es hat nicht geklappt. Ende 1980 bin ich das erste Mal zum Arzt gegangen. Der meinte: Es ist alles in Ordnung, bestens, Sie sind jung, Sie haben noch so viel Zeit, warten Sie es ab. Na ja, dann haben wir abgewartet. Mitte 1981 bin ich zu einem anderen Arzt gegangen und habe gesagt, es klappt nicht. Diesmal wußte Andreas, daß ich zum Arzt ging. Inzwischen fand er auch, daß es Zeit für ein Kind sei. Ich hab' ihn halt auch lange genug genervt. Wir hatten die Wohnung richtig eingerichtet und etwas Geld gespart. Das hatten wir ja nun alles. Der Arzt hat mich untersucht und meinte, es sei eigentlich alles in Ordnung, mir fehle nur ein Sekret, das das Sperma weiterleite. Er gab mir Tabletten, und bald war alles in Ordnung. Dann auf einmal kamen meine Tage nicht, es war vierzehn Tage über der Zeit. Ich ging zum Arzt und war ganz aufgeregt. Ist ja toll, könnte ja eine Schwangerschaft sein. Am Montag war ich beim Arzt, der sagte: Kommen Sie am Mittwoch wieder, dann machen wir einen Schwangerschaftstest. Na ja, und am nächsten Tag habe ich meine Tage gekriegt. Ich bin doch zum Arzt gegangen, und er hat einen Abstrich gemacht. Er wollte wissen, ob es ein Frühabort war oder ob die Tage einfach später gekommen waren. Aber er konnte nichts mehr feststellen. Andreas war dann auch beim Arzt und hat eine Spermauntersuchung machen lassen. Das Spermiogramm war okay. Der Arzt sagte wieder, daß alles in Ordnung sei und wir abwarten sollten. Also warten und warten, das war mir zu lange. Jetzt reichte es mir.

Zwischenzeitlich habe ich von einer Kollegin gehört, daß es diese Kinderwunschsprechstunde gibt. Ich bin da hingegangen, habe denen alles erzählt, und dann haben sie mich auch untersucht. Ich wurde erst mal geimpft gegen Röteln. Dann mußte ich drei Monate warten. Als ich wieder da war, haben sie mir Blut abgenommen und eine Hormonanalyse gemacht. Sie stellten fest, daß ich eine Endometriose habe. Das war kurz vor dem Eisprung, da hatte ich höllische Schmerzen. Ich bin gleich am nächsten Tag ins Krankenhaus. Der Arzt sagte: Wir machen eine Bauchspiegelung. Da haben sie dann die Endometriose festgestellt und haben die Eileiter durchgepustet und geguckt, ob alles durchgängig ist. Auch hier bekam ich die Auskunft, daß alles in Ordnung sei bis auf die Endometriose. Sie sagten mir, es gebe nur eine Möglichkeit, die zu heilen, wenn ich über ein halbes Jahr Hormontabletten einnähme. Während der Zeit soll der Eisprung verhindert werden. Ich war sehr geschockt, als sie sagten, ein halbes Jahr. Ich hatte die Hoffnung, wenn ich jetzt rauskomme aus dem Krankenhaus, kann ich loslegen und kriege vielleicht ein Kind. Weil ich die wahnsinnigen Schmerzen mit dem Beginn der Regelblutung aber nicht mehr haben wollte und es mir so vermittelt wurde, als sei es auch der einzige Weg zu einer Schwangerschaft, war ich einverstanden, das Zeug ein halbes Jahr zu nehmen. Schon bald blieb meine Regel aus. Ich kam in die Wechseljahre. Die haben mich total stillgelegt.

Ich habe sechs Tabletten am Tag genommen, das hat sich gesteigert, erst waren es drei, dann vier, und dann war ich bei sechs angelangt, weil ich immer wieder meine Regel bekam. So waren es dann sechs Stück, über den Tag verteilt. Bis es ganz still wurde. Da bin ich auseinandergegangen wie ein Hefekloß. Ich bin immer dicker geworden, ich habe auch eine andere Stimme gekriegt, ich fühlte mich wie zum Wegschmeißen. Richtig in die Wechseljahre bin ich gekommen, mit Hitzewallungen, also wirklich schlimm. Das war sehr unangenehm. Die erste Tablettensorte war nicht die richtige, die hat nicht richtig gewirkt bei mir. So hat sich das hingezogen. Aus dem halben Jahr wurde ein dreiviertel Jahr. Nach dem dreiviertel Jahr habe ich gesagt, jetzt will ich nicht mehr. Der Arzt meinte, daß alles soweit gut aussehe. Die Knoten seien vernarbt, und ich könne die Tabletten absetzen.

Dann waren wir erst mal im Urlaub, und als wir wiedergekommen sind, sollte Andreas nochmals ein Spermiogramm machen lassen. Und das war niederschmetternd, da war nichts, total schlecht, keiner konnte sich das erklären. Ach ja, ein paar Monate vorher hatte er schon mal eines machen lassen, und sie hatten ganz schlechtes Sperma festgestellt. Er bekam Tabletten. Aber nach dem Urlaub war es wieder so schlecht. Wir nehmen an, daß dreizehn Stunden Autofahrt auf der Rückreise und der Streß, einen Tag, bevor er da hin ist, der Grund waren. Die Pillen hatten jedenfalls nichts genutzt. Dann haben sie uns halt die Insemination vorgeschlagen, und dadurch gab es für mich wieder Hoffnung: Vielleicht klappt es sogar beim ersten Mal. Das Sperma haben sie weiter untersucht, und es wurde immer ein bißchen besser. Ich hatte einen sehr netten Arzt in der Kinderwunschstunde, mit dem habe ich mich gut verstanden. Der war immer da für mich, und der hat auch die Insemination gemacht. Daran wäre ich fast kaputtgegangen. Über neun Monate habe ich jeden Monat die Insemination gemacht. Jeden Monat dieses Theater. Ich habe Hormontabletten genommen, immer verschiedene, mal am vierten, mal am fünften Tag, es kam ja darauf an, wie sich meine Eizellen entwickelt hatten im Monat davor. Ich mußte ab dem neunten Zyklustag jeden Tag hin zum Ultraschall, Urin abgeben, und mir wurde Blut abgenommen. Mal kam der Eisprung am elften Tag, mal am dreizehnten und mal am siebzehnten Tag. Das war bei mir ganz unterschiedlich. Das war natürlich für meinen Mann ganz blöd. Erst sagte ich, übermorgen wäre es wohl soweit, und dann kam ich am nächsten Tag und sagte, es sei heute schon soweit. Dann habe ich ihn immer erst von der Arbeit abholen müssen. Er mußte zum Klinikum kommen, sein Sperma abgeben und durfte dann wieder gehen. Mir wurde es eingespritzt. Ich mußte mich zwanzig Minuten hinlegen und warten, bis es richtig reingelaufen war. Dann durfte ich wieder arbeiten gehen. Ich mußte oft von der Arbeit wegbleiben. Morgens um acht bin ich angetanzt in der Klinik, dann kam ich meist als erste dran. Auf der Arbeit wußten sie Bescheid, ich hatte mit meinem Chef gesprochen und ihm erklärt, was ich vorhatte. Der hatte volles Verständnis. Mindestens eine Woche lang bin ich jeden Tag erst um neun oder zehn bei der Arbeit erschienen. Die Kollegen haben alle schon Gesichter gezogen. Aber ich durfte das. Die Ultraschalluntersuchungen waren ein wahnsinniger Streß, jeden Morgen da hin, immer mit voller Blase. Ich bin morgens aufgestanden, und normalerweise ist ja der erste Weg bei mir auf die Toilette. Das ging also nicht, im Gegenteil, ich mußte zukneifen und außerdem noch viel trinken. Das war für mich das Allerschlimmste. Diese volle Blase, dieser ständige Druck, ich hatte dann einen dicken Bauch. Der Arzt wußte das auch. Wenn der Bauch nicht dick war, dann mußte ich draußen noch warten und noch Wasser trinken, bis er wieder richtig schön rund war. Ich habe mir einmal eine Tablette geben lassen. Die zieht das Wasser aus dem Körper, das geht ganz schnell, innerhalb von nicht mal einer halben Stunde bekommt man einen dicken Bauch. Das ist aber sehr unangenehm, weil man dann den halben Tag immer nur aufs Klo rennen muß. Da habe ich mich dann schon lieber mit Tee oder Selters vollgepumpt. Diese Blasendehnung war sehr unangenehm. Monat für Monat zehn Tage hintereinander da hinrennen. Immer dieses Hoffen und Gucken auf den Bildschirm, wie groß die Eier sind, wie viele es sind, ist überhaupt eine Eizelle da? Bei der Ultraschalluntersuchung hat er den Apparat so gedreht, daß ich es auch sehen konnte. Er hat auch Fotos gemacht, die er mir mit nach Hause gegeben hat. Der war ganz lieb, der Arzt, sonst hätte ich auch nicht so lange durchgehalten.

Ja, so ging das dann über neun Monate ohne Erfolg. Die ersten paar Male habe ich gedacht, es muß ja nicht gleich klappen, aber die letzten Monate haben sie immer gleich einen Schwangerschaftstest gemacht. Drei oder vier Tage vorher wurde Blut abgenommen, um die Hormone zu kontrollieren. Dann habe ich angerufen, ob was wäre oder nicht, und jedesmal habe ich ein Nein zu hören bekommen. Es war furchtbar, ich habe oft geheult. Trotzdem habe ich immer noch gedacht, es gibt ja noch die Möglichkeit der Retorte. Das hat mich noch so aufrechtgehalten. Es war ja noch ein

Weg offen. Es war zwar nicht der schönste Weg, aber es war noch eine Möglichkeit. Deshalb habe ich auch nach neun Monaten gedrängt. Ich habe gesagt, daß ich das nicht mehr will, die Insemination hätte ja auch keinen Erfolg gehabt. Die hätten das auch weiter gemacht, wenn ich es gewollt hätte. Da waren Frauen, bei denen wurde das schon über ein Jahr gemacht.

Dann ist der nette Arzt weggegangen, gerade in der Zeit, als sie sagten, wir würden die Retorte machen. Ich kam zu dem Professor, der war ganz verständnisvoll. Ich war begeistert von ihm. Er sagte, daß wir warten wollten, bis ich meine Regel bekommen würde, ich bekäme dann Medikamente, und er würde mir genau sagen, wann ich kommen und was ich tun müßte. Ich habe Antibiotika bekommen, vorsorglich, gegen mögliche Infektionen. Dann habe ich Hormontabletten bekommen und mußte Ampullen besorgen. Die Spritzen bekommt man dann kurz vor dem Eisprung und erhält so noch einen ordentlichen Hormonstoß. Dann gibt es noch andere Pillen, die den Eisprung auslösen zu einem ganz bestimmten Termin. Wenn sie wissen, das Ei müßte morgen abend springen, dann kriege ich 36 Stunden vorher die Spritze, und genau 36 Stunden später springt das Ei, wenn es nicht schon zu reif war. Das habe ich also alles gekriegt, das hatte ich alles im Kühlschrank liegen. Das war ein Schweinegeld, das die Kasse bezahlen mußte, so um die tausend Mark nur an Medikamenten, die ich im Kühlschrank liegen hatte. Was ich an Tabletten geschluckt habe in den neun Monaten, ist unglaublich, es waren über tausend Stück, habe ich einmal ausgerechnet.

Als ich meine Periode bekam, haben sie ausgerechnet, wann der nächste Eisprung kommen müßte. Das erste Mal mußte ich zum Ultraschall am Pfingstsonntag. Ich kann mir das ja nicht aussuchen, in jedem Krankenhaus sind die Leute, die die Kinderwunschsprechstunde machen, dann auch da.

Da sagte mir doch eine Vertretung, eine Frau, die ich auch noch nicht kannte, am Telefon, sie müsse mit dem Professor reden. Er hatte keine Zeit, und ich sollte am nächsten Tag noch mal anrufen. Das habe ich gemacht, da meinte sie, der Professor habe wieder keine Zeit, und wir müßten das Ganze verschieben. Außerdem sei das sowieso wie ein Lottospiel, wie ein Sechser im Lotto. Da war ich so perplex, als die mir das am Telefon sagte, da dachte ich, die können mir jetzt mal den Buckel runterrutschen, da wollte ich nicht mehr hingehen. So was brauchte ich mir nicht bieten zu lassen. Erst haben sie mich verrückt gemacht, haben mich mit dem Zeug vollgepumpt. Ich habe auf der Arbeit schon überall Bescheid gesagt, und dann kommen sie Pfingsten damit und sagen, der Mann habe keine Zeit, nein, Pfingsten gehe das nicht. Da war ich so stinksauer, daß ich da nicht mehr hingehen wollte.

Meine Kollegin, die auch gerne ein Kind haben möchte, erzählte mir, daß es in einer anderen Klinik auch diese Kinderwunschsprechstunde gebe. Am Telefon sagten sie mir, sie hätten jetzt Sommerpause, und ich sollte so in acht Wochen wiederkommen. Das war meine letzte Hoffnung, die Retortenbefruchtung in der anderen Klinik zu versuchen, die allerletzte. Es hat ja nie geklappt, wir haben es auch im Urlaub probiert, immer genau nach Terminplan. Ich konnte schon gar nicht mehr, Lust war da nicht drin. Ich hatte überhaupt kein Verlangen mehr, mit Andreas zu schlafen, es war einfach nur ein Muß. Die Lust war tot. Wir mußten zum Beispiel morgens zusammen schlafen, ob wir wollten oder nicht, damit die dann unter dem Mikroskop gucken konnten, ob sich das Sperma bewegt. Das hieß: Um fünf Uhr den Wecker stellen, zusammen schlafen, umdrehen, weiterschlafen. Eigentlich ist das ja alles schrecklich. Aber ich habe alles mitgemacht, weil ich ein eigenes Kind haben wollte, unbedingt. Und das war es, was mich aufrechterhalten hat, du kriegst dein Kind, und dann ist alles vergessen.

Dann kam ich in die andere Klinik. Der Arzt, der meine Daten aufnahm, der war mir so unsympathisch, der guckte so muffelig, frostig, so unpersönlich. O Gott, dachte ich, wo bin ich da nur hingekommen. Ich wäre besser nicht hingegangen. Als ich rauskam, habe ich nur geheult.

Er wollte die Unterlagen alle anfordern, sonst hätte er die ganzen Untersuchungen noch mal neu machen müssen. Ich sollte drei Wochen warten und mich dann wieder melden. Dann wollten sie die Retorte machen. Das ging ruckzuck, im August war ich das erste Mal da zum Gespräch und Mitte September zum zweiten Mal.

Ich war immer beim gleichen Arzt, der wurde mir mit der Zeit sympathischer. Am 1. Oktober haben sie die Retorte gemacht, ohne weitere Untersuchungen. Ich bekam neue Medikamente, aber keine Antibiotika mehr. Die anderen Medikamente hatte ich noch alle im Kühlschrank. Ich habe wirklich alle möglichen Pillen genommen. Dann mußte ich wieder mit einer vollen Blase zum Ultraschall. Die Eier hatten sich entwickelt wie im Bilderbuch, vier oder fünf Eizellen, schön groß. Den Eisprung haben sie vorausbestimmt und mir dann wieder die eisprungauslösende Spritze gegeben, die nach 36 Stunden wirkt. Punkt 24 Uhr mußte ich auf der Matte stehen und die Spritze abholen. Ja, und am nächsten Morgen mußte ich mit dem Koffer antanzen. Dann konnten sie sagen, daß das Ei um zwölf Uhr am nächsten Tag springen würde. Zu diesem Zeitpunkt wurde ich dann in den OP gebracht.

Ich war unheimlich aufgeregt, weil ich solche Angst hatte, daß die mich wieder nach Hause schicken würden. Mein Mann mußte in einem Zimmerchen sein Sperma abgeben, und dann wurde ich vorbereitet für die Bauchspiegelung. Sie haben mich hochgefahren, und ich bekam eine Beruhigungsspritze. Alle waren sehr lieb zu mir, mit der Narkoseärztin habe ich mich noch unterhalten. Dann bin ich wach geworden, und es war alles vorbei. Sie hatten eine Eizelle herausgeholt. Die anderen waren noch nicht soweit oder waren schon wieder gesprungen. Es sah soweit ganz gut aus, Ei und Sperma waren zusammen. Das fand ich ganz toll.

Dann kam der Arzt und sagte, daß es schon zwei Zellen und dann vier Zellen wären. Im Reagenzglas funktionierte das komischerweise, und ich konnte mir gar nicht erklären, warum es sonst bei mir nicht geklappt hatte. Zwei Tage später haben sie mir die Zellen eingesetzt.

Ich bekam eine Beruhigungsspritze. Das Bett wurde hochgestellt, mit dem Fußende nach oben, daß man ganz schräg liegt. Ich mußte mich auf alle viere knien in dem Bett. Das Bett war so schief, die Füße mußten hinten runtergucken, und der Hintern schwebte in der Luft. Ich lag so auf allen vieren, also so was Entwürdigendes. Ich fand das furchtbar. Alle Ärzte standen hintenrum, konnten mir also von hinten bis nach vorne durchgucken. Das war das Allerallerschlimmste für mich. Die Lage schon allein. Die Schwester hatte mir vorher gesagt, daß ich mich auf alle viere würde stellen müssen, aber so hatte ich mir das nicht gedacht. Ich war wirklich schockiert.

Ich bekam eine Rolle unter den Bauch – aber ich habe vier Schnitte im Bauch, da kannst du nicht auf dem Bauch liegen, das tut weh, und dann hatte ich auch noch Luft im Bauch, von der Narkose, und auch die Schultern haben mir weh getan. Mit der Rolle unter dem Bauch habe ich mich krampfhaft festgehalten. Dann haben die mir das eingesetzt, und das hat höllisch weh getan. Es wurde richtig in die Gebärmutter hineingeschoben. Erst setzten sie mir so ein komisches Ding ein, wie ein Trichter sah das aus. Der wird eingesetzt und aufgeschraubt, damit schön alles auseinandergeht. Sie schoben mit dem Katheter die Eizelle hinein. Das hat höllisch weh getan. Ich habe viel gejammert und konnte gar nicht mehr an mich halten. Als sie fertig waren, haben sie mir die Bauchrolle weggenommen, und dann durfte ich drei Stunden auf dem Bauch liegen in dieser Schräglage und sollte mich gar nicht bewegen. Denn jede Bewegung konnte ja die Eizelle wieder rausdrükken, also ich mußte wirklich wie tot daliegen, auch nicht den Kopf oder die Arme und Beine bewegen. Das war furchtbar, ich merkte meinen Rücken gar nicht mehr, alles tat mir weh.

Innerhalb dieser drei Stunden sollte sich das Ei in der Gebärmutter richtig festsetzen, und wenn es das in dieser Zeit nicht tut, dann setzt es sich nie fest. Ich habe das alles mitgemacht. Am nächsten Tag wurde ich entlassen. Da war ich nun also schwanger! Ich fand das ganz toll. Es war ein erhebendes Gefühl.

Eigentlich wollte ich krank geschrieben werden, ich dachte, jetzt das Rumrennen und die Hektik beim Arbeiten, das ist nicht gut. Am Donnerstag bin ich rausgekommen, bin Freitag zu Hause geblieben und mußte am Montag wieder arbeiten. Ja, und auf der Arbeit wußten ja auch alle Bescheid, was mit mir passiert war. Ich brauchte nichts zu heben und nichts zu tragen, sie haben mich alle geschont, das war wirklich ganz lieb.

Dann bekam ich Urlaub, und in der Zeit habe ich meine Tage gekriegt, ganz ganz fürchterlich. Ich habe große Schmerzen gehabt, es kam nicht richtig durch. Ich nehme an, daß das Wehen waren, denn ich habe jede Menge Schmerztabletten geschluckt, es hat nichts geholfen. Ich habe auf der Couch gelegen und mich gerollt und gequält. Andreas wußte überhaupt nicht, was er mit mir machen sollte. Ich ging auf die Toilette, und dann war es wie ein Krampf. Es machte Blubb, und es fielen richtig große Stücke raus. Damit war es erledigt. Die Schmerzen hörten auf. Das habe ich dem Arzt beschrieben, na ja, meinte er, das seien wohl Wehen gewesen. Ja, so stelle ich mir die Schmerzen vor, wenn ich ein Kind kriegen sollte.

Das war die erste Retorte, und ich dachte zuerst, daß ich nie wieder eine machen lassen würde. Nach einigen Wochen sah das schon ganz anders aus. Ich wollte es doch noch mal versuchen, denn jetzt wußte ich ja, was auf mich zukommt. Jetzt würde ich nicht mehr so geschockt sein. Ich dachte, daß ich meinen Körper einfach überlisten müßte. Das sah ich nicht ein, alle kriegen Kinder, und im Reagenzglas hat die Befruchtung auch geklappt. Das muß doch irgendwie gehen.

Die Ärzte sagten, sie würden es noch einmal versuchen. Also wieder Tabletten genommen, morgens zum Ultraschall mit dicker Blase, wieder mit Köfferchen hin. Dann hieß es, ich könne wieder nach Hause gehen, das Ei sei schon gesprungen, und es sei alles umsonst gewesen. Beim dritten Mal hieß es, na, es ist knapp, noch ist es da, aber das Ei ist nicht mehr so deutlich zu sehen auf dem Ultraschallgerät. Ich wurde sofort eingewiesen. Ich habe mich ausgezogen, da meinte der Arzt, daß wir noch einen Ultraschall machen sollten. Da war das Ei weg, da war es schon gesprungen, innerhalb von ein bis zwei Stunden war es gar nicht mehr zu sehen. Dann durfte ich mich wieder anziehen.

Der Arzt meinte, da das Sperma schon da sei und auch alles vorbereitet wäre, könnten sie ja noch mal eine Insemination machen. Ich sagte zu ihm, daß er machen könne, was er wolle, es würde ja sowieso nichts werden. Ich war so fertig, ich hab' nur noch geheult und hatte ganz dicke Augen.

Dann haben wir eine Pause gemacht bis zum Februar. Das war eine gute Zeit, mal ohne Tabletten. Natürlich war ich dann wieder sehr aufgeregt, alle Vorbereitungen wurden wieder getroffen. Ich war mit den Nerven total am Ende. Und dann wieder mit meinem Köfferchen hin, und alles noch mal, und es war wieder nichts, da bin ich zusammengeklappt.

Einer Ärztin habe ich das erzählt, wie schlecht es mir ging, daß ich Alpträume hatte, nachts schrie, wenn ich überhaupt schlief. Das war ganz schlimm. Ich hatte nur noch schlechte Laune zu Hause, war eklig, habe mich nur noch mit Andreas gezankt. Mit ihm geschlafen habe ich nicht mehr. Andreas hat sehr gelitten darunter, und ich auch. Gut, einmal im Monat die Pflichtübung. Ich wollte ihn einfach nicht, es war mir lästig. Wenn er mich schon angefaßt hat, allein die Vorstellung, jetzt will er mit dir schlafen, das war für mich ein Greuel. Er durfte mich nicht anfassen. Das gab natürlich sehr viel Ärger. Manchmal hatte ich Lust, mit ihm zu schlafen, und mittendrin habe ich dann abgebrochen, ich konnte und ich wollte nicht, ich habe ihn hängenlassen. Da war er natürlich genervt und beleidigt. Ich habe mich auch manchmal gequält und ihn machen lassen. Dann habe ich die Zähne zusammengebissen und gehofft, daß er bald fertig ist.

Die Ärztin erzählte mir von der Gruppe. Sie schlug mir vor, doch einfach mal anzurufen, vielleicht könnte es mir helfen. Da bin ich Anfang März hingegangen. Erst dachte ich, ach, sollst du da hingehen? Aber dann habe ich mich doch getraut.

Nach dem ersten Gruppenabend ging es mir ganz schlecht. Als ich nach Hause kam, habe ich den ganzen Abend nur noch geheult, und am nächsten Tag, da hatte Andreas Geburtstag, war mir auch so nach Heulen. Da war ich so richtig fertig. Das Erzählen hat mir zwar gutgetan, aber ich war geschockt, daß es auch andere Frauen gibt, die die gleichen Sorgen haben und die gleichen Nöte. Bis dahin dachte ich, ich sei die einzige, die so leidet unter dieser Kinderlosigkeit. Zu sehen, daß es das gleiche Problem auch bei anderen Frauen gibt, das hat mich noch trauriger gemacht. Ich habe für die noch mitgeheult. Es war furchtbar zu wissen, daß es noch andere Frauen gibt, denen es genauso dreckig geht und die auch ein Kind wollen.

Andreas hat mich ausgefragt, wie es denn so gelaufen sei, und dann habe ich ihm alles erzählt. Daraufhin konnte auch er mir von seinen Ängsten und Gefühlen erzählen. Dabei habe ich ihn erst richtig kennengelernt. Ich wußte zwar, daß er ein Kind haben will, aber ich wußte nicht, ob das ein sehnlicher Wunsch von ihm ist oder ob er das mir zuliebe machen würde. Nach der zweiten Retorte hat auch er unheimlich gelitten. Mich würde es nicht wundern, wenn er auch in einer Ecke gesessen und geheult hätte, ich weiß es nicht. Seitdem reden wir mehr miteinander.

Ich fühlte mich so stark, daß ich im April noch mal eine Retorte gemacht habe. Beim vierten Versuch setzten sie zwei Eier ein. Fast eine Woche war ich mit der Periode über der Zeit. Die Temperatur war hoch, das war ein Jubelschrei. Dann war ich jeden zweiten Tag zur Blutabnahme für den Schwangerschaftstest. Aber der war negativ, ich war schon ganz verzweifelt. Einen Tag vor meinem Geburtstag habe ich dann meine Tage gekriegt, da habe ich meine Kinder verloren. Erst habe ich Schmierblutungen bekommen. Dann bin ich zu

Hause geblieben, habe bei der Arbeit angerufen und gesagt, so und so würde es aussehen und ich würde lieber zu Hause bleiben. Ich legte mich ins Bett mit der Hoffnung, daß es sich vielleicht beruhigen würde, und dann habe ich wieder richtige Wehen bekommen. Na ja, dann war ich auf der Toilette und dachte, daß ich jetzt dusche und mich fertig mache. Ich stehe also unter der Dusche, auf einmal macht es Flupp. Ich habe so eine milchige Blase gesehen, irgendwas war da drin. Ich konnte es nicht halten. Ich hatte erst die Hoffnung, es wäre nur eines gewesen. Aber es blieb nichts. Es war wieder aus. Danach ging es mir sehr schlecht. Ich habe tagelang geheult.

Durch diesen Schock, daß wir die beiden Kinder verloren haben, bin ich Andreas wieder nahegekommen. Ich kann mit Andreas darüber reden. Vielleicht auch durch die Gruppe, weil ich hier gelernt habe, das zu sagen, was ich auf dem Herzen habe. Ich fresse das ja eigentlich immer in mich hinein. Ich hatte das Gefühl zu platzen. Er hört mich an, er nimmt mich in den Arm und sagt: Nun erzähl mal. Dann bin ich am Heulen und weine erst mal. Ich kann wirklich alles rauslassen und ihm auch alles erzählen. Ich glaube, daß die Gruppe uns beiden geholfen hat. Er kann sich das anhören, er versucht dann nicht, mich zu trösten. Er ist da und nimmt mich in den Arm. Er ist da, versteht mich, und ich weiß auch, er leidet mit mir. Wir lernen voneinander, vielleicht habe ich ihm das beigebracht, so über alles zu reden, das ist schon eine ganz tolle Sache.

Ich bin dann noch mal zum Arzt gegangen, um zu klären, was ich noch machen kann. Inzwischen hatte ich erfahren, daß man die Endometriose operativ entfernen kann. Große Hoffnung, dadurch schwanger zu werden, hatte ich zwar nicht mehr, aber ich wollte nun genauer wissen, was ich eigentlich habe und woran es liegen kann, daß ich die Kinder nicht halten kann.

Schmerzen hatte ich nur beim Eisprung und bei der Periode, sonst nicht. Deshalb wollten sie den Eingriff noch nicht machen, sondern erst, wenn ich starke Schmerzen hätte, weil es eine sehr schwere Operation ist, die über sechs Stunden dauert. Und dann hat der Arzt mir endlich mal erzählt, was ich nun wirklich habe. Ich wußte bis dahin nur, daß ich die Endometriose habe, aber nicht, wo sie war. Er sagte mir jetzt, daß ich sie direkt in den Eierstöcken hätte, also nicht außerhalb, sondern mittendrin, und da könnten sie nicht rankommen, weil sie den Eierstock nicht aufschneiden könnten. Sie müßten punktieren und wüßten dann nicht, ob sie auch das Richtige erwischen, ob sie überhaupt alles rauskriegen würden. Die Gefahr sei sehr groß, daß die Eierstöcke dabei kaputtgingen, und dann wäre ja alles vorbei. Ob ich jetzt ein Kind bekommen könne, wisse er nicht. Es sehe schlecht aus, aber es könne ein Wunder passieren. Ich solle halt mit den Schmerzen leben, bis es unerträglich werde. Dann wollten sie mir die Eierstöcke rausnehmen. Es sind beide Eierstöcke. Dadurch waren auch die Eier nicht hundertprozentig in Ordnung. Die hatten alle einen Knacks weg, und der Körper stößt ja automatisch alles ab, was nicht gesund ist.

Das Fazit war, daß es äußerst unwahrscheinlich ist, daß ich eigene Kinder bekommen kann. Irgendwie habe ich das ja schon geahnt. Es war merkwürdig, daß die Eier befruchtet wurden, dann aber nicht weiterwuchsen und ich sie nicht halten konnte. Irgendwas war da nicht in Ordnung. Ich hatte es befürchtet. Aber als der Arzt es sagte, war es doch noch etwas anderes. Die schlechte Ahnung bestätigt zu bekommen, das war ein Schock, der mich umwarf.

Es war aber auch gleichzeitig eine Erleichterung – so, als könnte ich dieses Warten und Hoffen nun aufgeben und mich anderen Dingen zuwenden. Ich wußte, ich kriege kein Kind, und ich wußte gleichzeitig, daß ich so wie bisher nicht weiterleben wollte. Und da gab es diesen großen Krach bei uns. Ich habe Andreas alles an den Kopf geworfen, was mir nicht gefällt, daß er sich das überlegen solle, so würde ich das nicht weitermachen. Das hat mir so gestunken, das tägliche Einerlei. Nach Hause kommen, aufräumen, Essen machen, putzen, schlafen, arbeiten. So wollte ich es nicht mehr haben, der ewig gleiche Trott. Ich wollte, daß irgendwas passiert.

Und dann habe ich Andreas einen Heiratsantrag gemacht.

Die Hochzeit war mein sehnlichster Wunsch. Ich wollte immer heiraten, bevor ich ein Kind kriege, bevor ich schwanger werde. Ich wollte nicht, daß alle denken, die mußten heiraten. Es war vielleicht auch immer noch die Angst vor der Schande. Wenn ich nun schon kein Kind haben konnte, dann wenigstens eine Hochzeit. Er hat auch eingewilligt. Natürlich blöde, denn ich habe mir das immer ganz anders vorgestellt. Nicht, daß ich einen Heiratsantrag mache, sondern der Mann der Frau. Das wäre sehr schön gewesen. Aber von Andreas kommt so was nicht. Der ist im Grunde ein feiger Hund. Er hat mir nachher erzählt, daß er mich schon im Sommerurlaub fragen wollte, aber er hat sich nicht getraut. Ich bin ja eigentlich auch feige. Ich habe ihm den Heiratsantrag nicht ins Gesicht gesagt, sondern habe ihm einen Brief geschrieben. Ich habe das alles schön aufgeschrieben. Wenn er einverstanden wäre, dann wollten wir abends darüber sprechen, wenn nicht, dann sollte er mich gar nicht darauf ansprechen, dann wollte ich nichts hören, dann würde ich auch nicht wieder fragen. Die Beziehung würde dann wahrscheinlich irgendwann auseinandergehen. Er kam nach Hause und grinste ganz verlegen und wußte gar nicht, wohin mit sich. Ich wußte auch nicht, was ich jetzt machen sollte. Na ja, nach einer halben Stunde kam es dann raus, er war einverstanden. Dann war das Glück groß. Es ging sehr schnell, und sechs Wochen später haben wir geheiratet. Wir hatten auch gleich nach der Hochzeit Urlaub, das wurde dann unsere Hochzeitsreise. Gefallen hat mir das allerdings nicht, daß ich den Anstoß dazu gegeben habe.

Inzwischen geht es mir gut. Das wirkt sich auch auf meine Periode aus. Bisher mußte ich sechs bis acht Tabletten nehmen, um die Regelschmerzen aushalten zu können. Inzwischen ist mein Körper so vollgepumpt mit allen möglichen Tabletten, daß ich keine mehr nehmen will. Ich bringe sie nicht mehr runter. Im Moment geht es mir gut. Ich habe keine Angst mehr vor den Schmerzen. Komischerweise komme ich auch ohne Tabletten aus. Ich schaffe das. Ich habe zwar Schmerzen, aber lange nicht so stark wie früher. Ich ekle mich vor den Tabletten. Schon der Gedanke daran, daß ich jetzt wieder eine nehmen müßte, bringt mich zum Würgen. Ich habe mir ein Buch gekauft über Heilkräuter und Naturapotheke, mal sehen, ob ich damit etwas anfangen kann. Ich muß weg von den Tabletten. Ich habe mal durchgerechnet, ich kam in den letzten Jahren auf über zweitausend Tabletten. Irgendwo macht der Körper dann nicht mehr mit. Das einzige, was ich jetzt noch manchmal nehme, ist eine Migränetablette, wenn ich wirklich ganz starke Migräne habe und zur Arbeit muß. Aber die Migräne bekomme ich nur, wenn ich meine Tage habe. Früher habe ich vierzehn Tage lang hintereinander Migräne gehabt. Damals habe ich auch noch sehr viel geraucht. Ich rauche zwar jetzt auch noch, aber das macht mir nichts mehr aus, vielleicht war es auch die ganze Anstrengung, die jetzt vorbei ist. Jetzt geht es mir sehr gut. Ich brauche die Gruppe nun nicht mehr. Irgendwie bin ich ein richtig neuer Mensch geworden. Ich weiß jetzt auch, was ich will. Ich weiß, ich bekomme keine Kinder, ich kann mich jetzt anderweitig beschäftigen, beruflich weiterkommen und Lehrgänge machen. Früher habe ich immer gesagt, warum soll ich etwas lernen, ich bekomme ein Kind und bleibe zu Hause. Dafür brauche ich doch keine Lehrgänge mitzumachen. Und jetzt, seit dem Sommer, seitdem ich weiß, daß ich keine Kinder kriege, daß es nicht klappen wird, seitdem geht es bergauf. Ich habe Spaß daran, etwas zu machen, und gehe jetzt wieder gern arbeiten. Ich verstehe mich gut mit den Kollegen. Ich bin sehr glücklich. Im Moment fehlt mir das Kind auch nicht.

Ich komme schon klar damit, ich werde das schon packen. Ein richtig schönes Gefühl habe ich, wie neu geboren fühle ich mich. Ich sehe alles viel freundlicher, nicht mehr so grau und trist wie früher. Da war es mir im Grunde egal, ob ich noch lebe oder nicht. Ich war so passiv. Und im Moment bin ich ganz aktiv, und das ist schön. Ich könnte ganz verrückte Sachen machen, alles nachholen, was ich versäumt habe.

Nachinterview Monika: Sie trennte sich von ihrem Mann.

Der Kinderwunsch bestand ja schon ewig. Ich wollte unbedingt von meinem Mann ein Kind haben, egal, was komme, verheiratet oder nicht. Das war fast eine Manie. Mein Leben bestand nur noch aus Kinderwunsch, da gab es keine anderen Wünsche mehr. Gut, das mit der Heirat gab es noch, aber das war alles gering im Gegensatz zu dem Kinderwunsch. Wenn ich heute an diese ganzen Untersuchungen denke, wenn man mit voller Blase zum Ultraschall muß, die Vorstellung ist furchtbar. Diese ganzen Umstände, Prozeduren, das alles noch mal mitzumachen, nein. Möchte ich nie mehr mitmachen, nein, obwohl manchmal, da war ich schon im Schwanken, da habe ich gedacht, ja, ja, vielleicht versuchst du das doch noch mal, heute weißt du, was auf dich zukommt, brauchst nicht mehr die ganzen Untersuchungen von neuem zu machen und nur auf diese Retorte vorbereitet zu werden. Aber dann sage ich mir wieder, die Enttäuschung, wenn ich dann mittags nach Hause geschickt werde, weil es zu spät war. Diese Enttäuschungen waren so groß, die haben nur Löcher gerissen. Ich habe nervlich so viel mitgemacht in dieser Zeit, ich kann mir das überhaupt nicht mehr zumuten.

Als ich damals in die Gruppe kam, brauchte ich jemanden zum Reden. Ich war am Ende, hatte alles in mich reingefressen. In der Gruppe konnte ich endlich mal meine Gedanken rauslassen, ohne daß jemand Mitleid hatte. Mitleid hätte mir nichts gebracht. Ich bin der Meinung, du kannst mit Frauen, die nicht in deiner Situation sind, nicht darüber reden, weil die keinen blassen Schimmer davon haben, was es heißt, sich ein Kind zu wünschen und nicht zu kriegen. Wenn ich jetzt anderen erzähle, ich war in einer Gruppentherapie, die lächeln dann halt, na ja. Ich habe früher auch gedacht, die Leute, die so was machen, die spinnen vielleicht ein bißchen. Aber wenn man das selbst mitgemacht hat, dann merkt man erst, wie nützlich diese Gruppen sind, und du mußt keine Macke im Kopf haben, um in eine solche Gruppe zu gehen. Ich habe gelernt, kein Selbstmitleid mehr zu haben. Am Anfang dachte ich, nur mir geht es so schlecht, anderen Frauen kann es gar nicht so schlimm gehen, alle kriegen sie ihre Kinder, bloß ich nicht. In der Gruppe habe ich dann erst gesehen, wie viele es doch eigentlich sind, die das gleiche Problem, das gleiche Elend, die gleichen Ängste und Alpträume haben, wie ich sie hatte.

Was mich damals angestachelt hat, mit der medizinischen Behandlung weiterzumachen, waren immer wieder diese Fernsehberichte über Retortenbefruchtung und Zeitungsberichte, immer nur dieses Positive, was man da ja hört. Und ich dachte, was die schaffen, das schaffst du schon lange. Im Grunde waren die Ärzte damals nicht so unbedingt begeistert von der ganzen Sache mit der Retorte. Diese Zeitungsartikel mit ihren tollen Meldungen, die haben mich angestachelt. Die Ärzte selbst eigentlich nicht. Ich kann nicht sagen, daß die mir Hoffnung gemacht hätten. Ich wollte einfach eine Bestätigung bekommen, daß ich alles das kriege, was ich haben will. Ich habe immer noch geschafft, was ich wollte, bis auf den Kinderwunsch. Das erste Mal war da ein Widerstand, da war Ende, aus, da gibt es nichts, was ich beeinflussen könnte. Bisher gab es immer noch Hintertürchen, aber hier gab es keine. Ich habe auch ganz schön geschluckt, als die mir das gesagt haben, daß ich keine Kinder kriegen werde. Das hat sehr weh getan. Trotzdem ging es von da an aufwärts. Ich begriff, es geht nicht, es ist von Natur aus nicht möglich, ich muß mich damit abfinden, was soll ich dem ewig nachtrauern.

Und dann habe ich nach neuen Wegen geguckt in meinem Leben. Ich habe mir dann gesagt, fünf Jahre verplempert, nein, nicht richtig verplempert, aber du hast zuviel geopfert für etwas, was nicht sein kann, was sollst du jetzt noch jahrelang trauern. Jetzt mußt du was Neues finden.

Ich habe einen Schlußstrich gezogen, und da hat für mich ein ganz neuer Lebensabschnitt angefangen. Ich mußte mich jetzt auf etwas anderes konzentrieren, mußte meinen Weg ganz neu finden, einen ganz neuen Lebensrhythmus finden, andere Ziele stecken, denn das Ziel war ja nicht erreicht worden. Das einzige bisher. Es ist nicht schlecht, diese Erfahrung gemacht zu haben. Ich habe gelernt, man soll sich nicht zu sehr auf irgendwas versteifen, auf eine einzige Sache. Der neue Lebensabschnitt begann damit, daß ich anfing, mein Leben zu betrachten und auch die Beziehung zu meinem Mann genauer anzusehen. Allmählich ist mir klargeworden, wie wir so zusammen leben. Das entsprach bei genauem Hinsehen gar nicht meinen Vorstellungen. Mir fiel auf, daß wir vielleicht gar nicht so gut zusammenpassen, wie ich immer gedacht hatte. So, als wenn ich vorher den Blick nicht dafür gehabt hätte. Wir waren zehn Jahre zusammen. Als dieser Kinderwunsch kam, da waren wir drei Jahre zusammen, da habe ich das noch nicht so gesehen. Ich habe einfach nicht weitergedacht, nicht auf seine Fehler geachtet, wir haben beide unsere Fehler, wir haben uns gezankt und auch wieder vertragen. Wir waren ja auch beide noch arg jung, und dann die fünf Jahre Kinderwunsch, diese Behandlungen. Da war ich irgendwie blind. Seit eineinhalb Jahren weiß ich, daß es mit einem Kind nichts werden wird, und seitdem sehe ich meinen Mann erst richtig, mit ganz anderen Augen. Inzwischen sehe ich auch andere Männer, die mir besser gefallen, die so unternehmungslustig sind wie ich. Ich habe daher beschlossen, mich von Andreas zu trennen. Ich habe schon eine Wohnung und möchte alleine leben. Den ganzen Tag tun, was ich will. Ich will leben und ausprobieren, was mir gefällt.

Manchmal, wenn ich das kleine Kind meiner Freundin sehe, dann denke ich, es wäre schon toll, auch eines zu haben, so ein kleines Würmchen. Es rührt mich, aber es rührt mich nicht mehr zu Tränen. Und im Moment steht sowieso was anderes an für mich.

Inzwischen kann ich mit anderen Menschen darüber reden. Ich halte da nicht hinterm Berg, das ist für mich keine Sache, wofür ich mich schämen muß oder mir minderwertig vorkomme. Das kann ruhig jeder wissen, daß ich keine Kinder kriege und Retortenversuche hinter mir habe. Ich steh' dazu. Aber heute würde ich es nicht mehr machen.

Elisabeth, 42 Jahre, naturkundliche Ausbildung

Nach jahrzehntelangem Kinderwunsch
akzeptierte sie ihre Situation.

Ich habe den Kinderwunsch schon seit meiner Kindheit. Als ich zehn oder elf Jahre alt war, habe ich meine Mutter laufend beobachtet, ob sie nicht dicker wird und vielleicht schwanger ist. Wenn sie ein Kind bekommen hätte, wäre das auch ein Stück weit mein Kind gewesen. Meine Schwester ist fünf Jahre jünger und mein Bruder drei Jahre jünger als ich. Der kleinen Schwester gegenüber hatte ich das Gefühl, daß ich so ein bißchen Mutterrolle spielte. Die Nachbarn sagten: Die ist ja so, als wäre sie die Mutter. Das habe ich früher oft gehört. Ich habe einen Schreck bekommen und wußte nicht, ob das negativ oder positiv zu verstehen war. Dieses mütterliche Verhalten meiner Schwester gegenüber war aber nicht das, was ich mir wünschte. Ich stellte mir eher das Bemuttern eines Säuglings vor. So ein Baby wollte ich versorgen, rumtragen und im Kinderwagen fahren.

Aus Gesprächen zwischen meinen Eltern habe ich entnommen, daß meine Mutter sich noch ein Kind wünschte. Als das nicht mehr klappte, hoffte sie, daß ich bald eines bekommen würde. Als ich dann so fünfzehn/sechzehn war, hat sie mir gesagt, daß es doch ganz schön wäre und eigentlich nicht schlimm, wenn ich eins kriegen würde. Damals war ich entsetzt, weil für mich der Beruf im Vordergrund stand. Ich war auch erschrocken, daß sich meine Mutter wünschen konnte, daß ich ein Kind bekomme, obwohl ich noch so jung war. In dieser Zeit hatte ich selbst nicht den Wunsch. Ich wollte auf jeden Fall Kinder haben, aber doch nicht während der Schulzeit. Das Denken an Kinder hat aber schon damals breiten Raum eingenommen. Ich habe nach Namen für Kinder gesucht, damit habe ich mich lange beschäftigen können.

Ich konnte an keinem Geschäft mit Kinderschuhen und Kinderkleidung vorbeigehen, das hat mich so angezogen. Ich wollte etwas zum Bemuttern haben oder zum Liebhaben. Ich bin dann abgegangen von der Schule, weil sich meine Eltern nicht vertragen haben und ich arbeiten gehen sollte. Ich hätte gerne das Abitur gemacht, aber das durfte ich nicht. Es hat mich auch zu sehr belastet, dieser Streit zu Hause und dann noch die Schule. Ich habe mir gesagt, wenn ich von der Schule abgehen muß, dann gehe ich auch gleich ganz weg. Ich bin dann mit sechzehn Jahren nach Westdeutschland gegangen und habe dort eine Lehre gemacht. Ich habe mich unheimlich reingekniet in diese Arbeit. Als ich von der Schule abging, bot sich das an, diese praktische, naturkundliche Ausbildung. Wenn ich studiert hätte, wäre ich wahrscheinlich Tierärztin geworden. Ich hatte während meiner Kindheit zu Hause immer Viehzeug um mich herum. Es fing an mit weißen Mäusen und Goldhamstern. Das Wichtige daran war, daß die Junge bekommen haben und ich das Aufwachsen der Jungtiere beobachten und diese kleinen Tiere in die Hand nehmen konnte. Ich habe dann von allen möglichen Leuten junge Katzen und Hunde mit nach Hause geschleppt. Ich habe Kindern Kaninchen abgekauft, die sie gefangen hatten oder die sie schlachten wollten. Ich war selig, daß ich diese Tiere gerettet hatte. Wenn ich so überlege, war es das Wichtigste, daß die Tiere Junge bekommen haben. Die Leute sprachen mich an, warum ich denn das Meerschweinchen und die Hunde hätte. Na, zum Streicheln, sagte ich. Im Hinterkopf wußte ich aber immer, daß die Tiere nur ein Ersatz waren bis zu der Zeit, wenn ich selber ein Kind bekommen würde.

Ich hatte im Laufe der Jahre mehrere Beziehungen zu Männern. Aber im Grunde habe ich mich ohne Mann am wohlsten gefühlt. Dann ging es mir gut. Und wenn es mir sehr gutging, dann sind die Männer angesprungen. Ich habe es eigentlich nicht gemerkt, eigentlich nie mitgekriegt, daß es bei irgend jemand bereits so tief saß, weil ich mich einfach wohl gefühlt habe und keine enge Beziehung zum Mann gesucht habe. Ich war ganz erstaunt, daß bei dem Mann so viel abgelaufen ist. Dann hat sich daraus auch meistens eine Beziehung entwikkelt. Aber das war eigentlich gar nicht mein Bestreben. Wenn ich merkte, daß wir uns näherkamen, hatte ich gleich den Gedanken, ob ich von dem Mann auch ein Kind haben wollte. Es hat dann eine Weile gedauert, bis ich mir klar darüber war.

Als ich ungefähr 26, 27 Jahre alt war, habe ich mich gewundert, daß es nicht klappte mit einem Kind. Ich bin auch zu einem Arzt gegangen, aber das war eine große Überwindung für mich. Weil ich nicht verheiratet war, war das schon eine etwas kritische Sache. Da saßen nur verheiratete Frauen im Wartezimmer. Der Arzt sagte, daß da eine kleine Wunde am Muttermund sei, die er behandeln würde. Ich habe ihn dann darauf angesprochen, daß ich nicht schwanger werde, aber er meinte: Wird schon werden, und kommen Sie wieder, wenn Sie schwanger sind. Und da ich nicht schwanger wurde, bin ich auch nicht mehr hingegangen.

Bis ich den nächsten Anlauf nahm, dauerte es ein paar Jahre. Unterdessen hatte ich auch eine andere Beziehung. Das dauerte auch wieder eine Weile, bis man sich kennengelernt hatte und über das Problem redete. Ich kann ja nicht gleich, wenn ich einen Mann kennengelernt habe, sagen, daß ich ein Kind haben möchte. Bis ich mich traute, es ihm zu sagen, daß es bis jetzt nicht geklappt hatte, verging wieder eine lange Zeit. Dann habe ich den nächsten Arzt aufgesucht. Der hat mir gleich große Angst gemacht. Ich hätte einen Abszeß an den Eierstöcken, weil der eine immer etwas dicker sei als der andere. Deshalb sei es schwierig mit einer Schwangerschaft. Es müßte vielleicht operiert werden. Zumindest müsse die Entzündung erst abheilen, damit ich schwanger werden könne. Den hat nur die Größe der Eierstöcke interessiert. Er hat sogar Zeichnungen gemacht. Sehen Sie, jetzt ist er wieder etwas größer, und jetzt ist er wieder etwas kleiner, und so ging das hin und her. Das hat sich lange hingezogen. Irgendwie hatte ich aber Vertrauen zu dem Arzt. So, wie der mit mir geredet hat, dachte ich, hilft er mir vielleicht doch, und es kommt wieder in Ordnung mit dem Eierstock. Ich war sicherlich zwei Jahre bei ihm in Behandlung. In der Zeit hatte ich eine Beziehung zu einem Mann, den ich durch die Arbeit kannte, der hatte vorher noch nie sexuelle Beziehungen gehabt, und es hat auch sehr lange gedauert, bis er meinem Kinderwunsch zugestimmt hat.

Diese Zeit war sehr anstrengend. Ich habe jeden Tag die Temperatur gemessen. Jeden Morgen, und das über Jahre, das hat mich wirklich fertiggemacht, weil ich jeden Morgen wieder damit konfrontiert wurde. Schon beim Wachwerden wieder das Thermometer vorholen. Mit dem Mann war das auch schwer, weil er so ein phlegmatischer Typ war. Erst diese ganze Messerei, und wenn dann der Tag des Eisprungs kam, war er verreist oder hatte keine Lust oder er hatte sonstwas. Dann war wieder ein Monat weg. Da hatte ich praktisch den ganzen Monat auf diesen Tag gewartet, und wenn er dann da war, ist nichts gelaufen. Da hab' ich einmal völlig durchgedreht. Da habe ich wirklich geschrien und habe mich kaum noch eingekriegt. Ich wußte nicht mehr, was ich machen sollte. Diese ewig wiederkehrende Enttäuschung, jeden Monat neu.

Es gab auch Tage, besonders wenn die Blutungen wieder einsetzten, da habe ich mitten auf der Straße geheult. Im Bus, im Auto, ich konnte nicht mehr weiterfahren. Ich war wirklich verzweifelt. Es gab Zeiten, wo ich keine schwangere Frau sehen konnte, keinen Kinderwagen. Ich habe zuerst weggeguckt und geheult. Dann bin ich wütend geworden, daß die etwas haben, was ich nicht kriegen konnte. Ich war kaum ansprechbar für andere und habe auch für andere Sachen kein Interesse aufbringen können. Auf der einen Seite war ich sauer und auf der anderen Seite deprimiert. Ich bekam gar keine Unterstützung von meinem Freund, nein, im Gegenteil. Eigentlich mußte ich ihn noch trösten, wenn er mit meiner Verzweiflung nichts anfangen konnte. Jedesmal mußte ich sagen, heute ist es soweit. Er hat sich nicht erkundigt. Er war zu phlegmatisch. Er wollte auch ein Kind, aber nicht so dringend. Er hat mich sehr geliebt und mir sehr oft gesagt, ich solle ihn heiraten. Aber bei mir ging es nicht, als ich wußte, er ist nicht zeugungsfähig. Mit einem Kind hätte ich ihn geheiratet, aber ohne Kind nicht.

Ich habe mich dann erkundigt, wie es ist mit einer Fremdinsemination. Der Arzt war erst erstaunt, er hat mir dann aber doch eine Adresse gegeben. Ich bin dort hingegangen, und das war der erste Arzt, der die Eileiter untersuchte und feststellte, daß sie gar nicht durchgängig sind. Inzwischen war ich schon Mitte Dreißig. Das war wieder ein großer Schock für mich. Nachdem ich zu so vielen Ärzten gelaufen bin und so viele Jahre darüber vergangen waren, kam nun endlich mal ein Arzt darauf, etwas anderes zu untersuchen. Er hatte mir Kontrastmittel eingespritzt und meinte, er habe die Eileiter damit auch geöffnet. Daraus habe ich wieder Hoffnung geschöpft.

Mit der Fremdinsemination hat es dann doch nicht geklappt. Das hat der Arzt abgelehnt. Durch die vielen Hormone und Tabletten, die ich dann bekommen habe, habe ich drei Wochen dermaßen starke Blutungen bekommen, daß ich alle zehn Minuten durchgelaufen war. Es war furchtbar. Ich hatte während dieser Zeit gerade Praktikum und habe mich nicht getraut, im Dienst etwas zu sagen. Ich dachte, ich gehe ein. Es war ganz schlimm. Daraufhin hat dann der Arzt alles Weitere abgebrochen. Er wollte mich ins Krankenhaus schikken, bis es sich wieder normalisiert hatte, und damit hat er alles Weitere eingestellt. Er meinte, es sei nun zu spät, ich sei zu alt. Da war ich 37 Jahre.

Ich war sehr deprimiert. Die Gedanken haben sich nur darum gedreht. So Ende Zwanzig, da ging es noch, da dachte ich, es wird schon noch klappen. Aber inzwischen waren die Jahre verstrichen. Etwas aufrechtgehalten hat mich noch, daß meine Mutter ihre Kinder auch erst spät bekam. Das erste, als sie 35 Jahre alt war, und das letzte mit 44. Nachdem es auch mit der Fremdinsemination nicht geklappt hatte, habe ich mit meiner Mutter darüber gesprochen. Sie hat sich viele

Gedanken gemacht und hat sich wirklich sehr um mich bemüht, aber das wollte ich gar nicht. Ich wollte nur erzählen, was mich bedrückt, und keine Ratschläge. Nach und nach hatte ich Schuldgefühle und Minderwertigkeitskomplexe ihr gegenüber, weil es nicht klappen wollte. Sie hat ihre Vorschläge sicher nicht böse gemeint, aber ich habe es so aufgefaßt. Wenn ich ihr erzählte, daß es wieder nicht ging, sagte sie so was wie »armes Hascherl«. Kinder kriegt man doch. Das verstand sie gar nicht, warum ich das nicht bringe. Die Geburten waren bei ihr auch ganz leicht, sie hatte kaum Schmerzen gehabt. Es ging alles prima. Sie meinte, wenn man mit dem Mann zusammen ist, dann bekommt man auch ein Kind. Ich habe oft gehofft, sie würde mich anders behandeln, mich verstehen, aber wenn ich manchmal geheult habe, weil ich verzweifelt war, hat sie sich einfach umgedreht und ist weggegangen. Sie konnte das nicht mitansehen. Ich habe es aber anders aufgefaßt. Ich dachte, was soll das jetzt, sie will mir damit sagen, daß ich dumm bin. Ich habe es als Vorwurf aufgefaßt. Das liegt so in der Familie. Wir können uns einfach nicht trösten. Wenn Probleme da sind, dann ist einer für den anderen da, jederzeit, wenn irgend etwas gemacht werden muß. Aber Verständnis, das gibt es nicht.

Eine Zeitlang konnte ich nicht mehr mit ihr reden. Ich habe mich minderwertig gefühlt meiner Mutter gegenüber. Ich habe es ihr auch einmal gesagt. Daraufhin hat sie mich noch mehr bemitleidet. Und das wiederum konnte ich noch weniger vertragen.

In der Zeit hatte ich einen Termin bei der Adoptionsvermittlungsstelle. Das war sehr deprimierend, weil ich so herablassend behandelt wurde. Was ich mir eigentlich einbilde, als alleinstehende Frau auf solche Gedanken zu kommen, ein Kind adoptieren zu wollen. Das sei ganz aussichtslos. Entscheidend für die Ablehnung war, daß ich alleinstehend war, außerdem war ich auch zu alt, und älteren Bewerbern würden sie auch eher fünf- bis siebenjährige Kinder vermitteln. Ich weiß nicht, wie ich das gepackt hätte. Ein Kind aus einem

Heim, mit vielen Problemen, das ist wirklich sehr schwer. Ich habe erst mal Abstand davon genommen. Schlimm war für mich, daß ich dabei so hingestellt wurde, als wäre es unglaublich von mir, daß ich solche Gedanken habe. Das war eigentlich das Schlimmste daran, daß sie nicht ein bißchen auf mich eingegangen sind. Das hat mich ziemlich geschafft. Das kostet sehr viel Mut, bevor man diesen Schritt macht und sich entschließt, da hinzugehen. Aber das wurde da überhaupt nicht berücksichtigt. Ich kam mir durch diese Ablehnung noch minderwertiger vor. Ich war nicht in der Lage, ein eigenes Kind zu bekommen, und ich war auch nicht in der Lage, eines zu adoptieren. Nicht mal das kann ich.

Vor sieben Jahren habe ich Bernd kennengelernt. Er ist fünf Jahre jünger als ich und der erste Mann, mit dem ich auch zusammenlebe. Wir leben und arbeiten auch zusammen. Bernd möchte am liebsten mit mir zusammen ein Kind haben. Für ihn ist es wichtig, ein eigenes Kind zu haben. Eine Adoption kann er sich nicht vorstellen. Das hat mich dann auch bewogen, mich in der Kinderwunschsprechstunde behandeln zu lassen. Inzwischen war ich schon 39, und der Zeitdruck wurde immer größer.

In der Kinderwunschsprechstunde haben sie erst mal festgestellt, daß noch kein Röteltest gemacht worden ist, dadurch war wieder ein Monat weg. Also, ich habe wirklich gedacht, das gibt es nicht. Ich war sehr enttäuscht. Jeder Arzt hat irgend etwas gemacht. Jeder etwas anderes, aber ich hatte immer den Eindruck, die erfassen gar nicht, daß ich nicht mehr so viel Zeit habe und daß es mir wichtig war, schnell etwas anzupacken.

Sie haben eine Bauchspiegelung gemacht, und da hat sich herausgestellt, daß der eine Eileiter völlig zu ist und der andere geknickt. Sie haben ihn wieder etwas gerichtet. Der Kommentar des Arztes war dann nur: Nun sehen Sie mal zu, daß Sie in den nächsten drei Monaten schwanger werden. Aber es hat wieder nicht geklappt. Ich bin fast zwei Jahre lang beinahe jeden Monat zum Ultraschall gegangen. Das ging dann oft auch zwei, drei Tage hintereinander, um zu sehen, ob das Ei wirklich groß genug ist. Die haben es gemessen, und dann habe ich noch mal eine Spritze bekommen, um den Eisprung auszulösen. Das bedeutet, daß ich 25 Kilometer hinfahren mußte, und das mit voller Blase; wenn die Blase nicht richtig voll war, dann ging es nicht. Dann war das Ei nicht richtig zu erkennen. Das war sehr unangenehm. Wenn ich ankam in der Klinik mit der vollen Blase, dann hatte der Arzt gerade im Kreißsaal zu tun. Ich habe da oft ein bis zwei Stunden gesessen und auf ihn gewartet. Ich mußte zwischendurch kurz auf die Toilette und dann immer noch was trinken, damit die Blase gleich wieder voll war. Die ersten Male hatte ich das noch nicht so richtig im Griff. Dann habe ich erst mal eine halbe Stunde gewartet, und dann war die Blase nicht ganz voll. Er sagte dann: Entweder Sie kommen am nächsten Tag wieder, wenn sie voll ist, oder Sie gehen hier in die Kneipe und trinken was. Ich habe mich nach der Arbeit in die Kneipe gesetzt und erst mal drei Bier getrunken und bin anschließend hingegangen. Ich hatte Angst, sonst noch mal hinkommen zu müssen. Aber das mußte ich sowieso, weil das Ei oft noch nicht die richtige Größe hatte. Es hat sich oft herausgestellt, daß der Eisprung gerade auf der Seite war, wo der Eileiter zu war. Das wechselte nicht ab. Manchmal war sogar auf beiden Seiten gleichzeitig ein Ei. Dann war gerade auf der Seite, wo der Eileiter zu war, das Ei größer und schöner. Es kam auch vor, daß sich das Ei wieder aufgelöst hat, oder eines hat sich nur weiterentwickelt, oder es hat sich manchmal zwei bis drei Monate hintereinander auf der geschlossenen Seite gebildet.

In dieser Zeit ging es mir wirklich sehr schlecht. Ich war dauernd traurig und konnte mich über nichts mehr freuen. Ich hatte keinen Appetit und bin immer dünner geworden. Schlafen konnte ich auch nicht mehr. Ich war wirklich fertig.

Ich habe dann eine Kur beantragt, und die BfA hat eine psychologische Kur mit Gruppengesprächen empfohlen. Ich fand es sehr gut, daß die mich gleich sechs Wochen zur Kur geschickt haben. Ich habe dort zum ersten Mal solche Gruppengespräche erlebt, und das war wirklich ganz fürchterlich. Ich konnte nicht mit zwölf Leuten, die ich überhaupt nicht kannte, über mich reden. Ich konnte mein Problem gar nicht darstellen. Im Einzelgespräch mit dem Psychologen habe ich dieses Kinderwunschproblem angesprochen, aber der hat das überhaupt nicht verstanden. Er sagte auch selbst, er sei ja ein Mann und könne das wohl nicht begreifen. Als ich dann noch mal bei weiteren Gesprächen sagte, ja, es ist dieses Problem, das mich belastet, hat er das völlig anders verstanden. Er hat gedacht, ich wolle selbst ein Kind sein. Bei diesen Gruppengesprächen oder bei seinen Musiktherapien, die er mit uns machte und wo wir Töne produzieren sollten, hat er gefragt, was wir dabei fühlen, und er hat immer gemeint, ich selber wolle mich als Kind sehen oder ein Kind sein. Er wollte anderes in mir sehen oder andere Probleme in mich hineindeuten. Die Gespräche waren enttäuschend und auch anstrengend. Die Probleme der anderen anzuhören und mich hineinzuversetzen war schwer. Das hatte in keiner Weise mit meinen Problemen zu tun, denen konnte ich auch meine Probleme nicht schildern. Wenn es der Psychologe schon nicht versteht, wie soll es dann erst den anderen möglich sein? Die hatten ja ihre eigenen Probleme mit Schlaflosigkeit, oder sie hatten Beziehungsschwierigkeiten. Meine Beziehung war in Ordnung, ich habe mich gut mit Bernd verstanden. Dann ist doch eigentlich alles ganz toll, dann freu dich doch, wurde mir gesagt. Ich habe mich dann auch gar nicht mehr getraut, das weiter auszuführen. Ich hatte das Gefühl, daß mich dann überhaupt keiner versteht.

Inzwischen war der Kinderwunsch bei Bernd auch riesengroß, und er hat alles getan, was er konnte. Das kannte ich von den vorangegangenen Beziehungen gar nicht. Er machte sich große Hoffnungen, weil seine Mutter auch erst mit 45 Jahren ein Kind gekriegt hatte. Das war immer noch ein Hoffnungsschimmer. Wir wollten nichts unversucht lassen, um uns später keine Vorwürfe zu machen. Bernd hat eine ganze

Menge gemacht. Er ist von Reisen nach Westdeutschland extra zurückgekommen, um nicht wieder einen Monat zu verlieren. Das ist schon gewaltig. Er hat wirklich eine schöne Reise abgebrochen und ist nach Hause gekommen. Daran habe ich gesehen, wie stark sein Kinderwunsch ist. Ich hatte auch Schuldgefühle, daß er soviel für mich auf sich nahm.

In der Kinderwunschsprechstunde hatte ich das Gefühl, einigermaßen aufgehoben zu sein. Das habe ich eigentlich bei allen Ärzten gehabt, bis ich dann hinterher merkte, daß es ja wohl doch nicht so ganz das Richtige war. Bei einigen Ärzten hat mich gestört, daß sie immer erst in der Kartei blättern mußten, wenn ich reinkam. Das fand ich sehr unangenehm. Mich als Person haben die gar nicht gesehen. Ich weiß, alle Daten kann der Arzt nicht im Kopf haben, dazu hat er zuviel um die Ohren. Aber ich möchte schon das Gefühl haben, wiedererkannt zu werden.

Es geht auch anders. Ich war gerade zur Vorsorge bei einem Arzt, und der fragte als erstes: Wie werden Sie mit Ihrem Problem fertig? Da fühlte ich mich aufgehoben. Das hatte mich oft abgeschreckt, diese anonyme Behandlung. Ich hatte auch immer das Gefühl, sie haben eigentlich gar keine Zeit. Dann hatte ich Angst, überhaupt über meine Probleme zu reden, weil ich wußte, sie gucken auf die Uhr, und der nächste wartet schon. Ich war mit Bernd noch mal dort und habe gefragt, ob wir einen Retortenversuch machen könnten. Das wurde ganz strikt abgelehnt. Der Arzt sagte, es tue ihm sehr leid, er sehe die Problematik, aber er würde es auf gar keinen Fall machen, weil sie sich eine Altersgrenze gesetzt hätten, und wir lägen schon darüber.

Das war die letzte Möglichkeit, die es noch gegeben hätte. Wir waren beide sehr enttäuscht. Inzwischen will ich mich überhaupt nicht mehr belasten mit diesen Dingen. Ich bin froh, daß ich das inzwischen alles aufgegeben habe. Ich habe mich damit abgefunden. Wenn ich höre, daß Frauen eine Abtreibung machen lassen, dann nimmt mich das schon mit. Das ist traurig und irgendwo auch ungerecht für mich. Irgendwann muß ich mich auch selbst schützen vor diesen ewigen Enttäuschungen. Ja, es war schon ein gewaltiges Leiden. Es ist auch im Laufe der Zeit einfach so weit gekommen, daß ich jede Hoffnung aufgegeben habe. Das ist nicht schlagartig gekommen. Es ist gewachsen. Diese Angst, daß ich vielleicht kein Kind bekommen könnte, muß schon lange dagewesen sein. So vor fünf Jahren habe ich angefangen, das zu spüren. Da habe ich angefangen, mich abzulenken.

Ich hatte viel Viehzeug. Ich hatte einen Hund, an dem ich sehr gehangen habe. Der hatte Medaillen und Stammbaum. Ich habe die Zeit mit ihm sehr genossen. Die Aufzucht seiner Jungen war besonders schön. Im ganzen Garten krabbelte es, und sie hingen überall an mir. Das war schon sehr schön. Vom dritten Wurf wollte ich durchaus eines von den Jungtieren behalten. Als sie Junge bekam, ist das fast schiefgegangen mit der Hündin. Die ist dabei fast draufgegangen. Wir mußten noch im letzten Augenblick einen Kaiserschnitt machen. Die vier jungen Hunde, die wir rausholten, waren alle tot. Das war furchtbar für mich, das war ein richtiger Schock. Da kam mir ganz plötzlich der Gedanke, genauso geht es dir. Du kriegst kein Kind. Das war eine richtige Eingebung. Ich weiß nicht, wieso. Das waren eigentlich nicht diese vier kleinen toten Hunde, die mich so schockierten, sondern es war eigentlich mehr die Parallele. Ich kriege auch kein Kind, das war es, fast schlagartig wußte ich, ich soll keines bekommen. Auf einmal war es klar, da habe ich mich kaum noch eingekriegt. Da beim Tierarzt, das war ganz schlimm, wie ich da heulen mußte. Das ist jetzt zwei Jahre her, da war ich vierzig.

Das, was ich anschließend noch unternommen habe, habe ich nur gemacht, weil ich diese Eingebung nicht wahrhaben wollte. Ich habe mich von dem Zeitpunkt an langsam immer mehr von der Hoffnung auf ein eigenes Kind entfernt. Auch daß ich in die Gruppe gegangen bin, war eigentlich mehr so etwas wie ein letzter Versuch. Bernd hatte davon gelesen und war ganz angetan. Er meinte, bei mir sei es psychisch bedingt, daß es nicht klappt. Da spielt sicher auch meine Mutter eine

Rolle mit. Ihre Erwartungshaltung und meine Angst, ich könnte ihr nicht genügen. Ich war schon skeptisch, aber ich wollte es probieren. Ich hatte so meine Bedenken, weil ich mit dem Psychologen in der Kur diese schlechten Erfahrungen gemacht hatte. Aber in dieser Gruppe war das ganz anders. Da habe ich das erste Mal Frauen getroffen, die die gleichen Schwierigkeiten hatten. Der große Unterschied war aber, daß die jünger waren als ich, so um die Dreißig. Ich war aber schon 42. Für mich war das Reden über das Problem, das mich wirklich fast mein ganzes Leben lang beschäftigt hat, so ein Abschließen mit meiner Hoffnung.

Diese Hoffnung, selbst ein Kind zu bekommen, ist vorbei. Wenn früher jemand ein Kind hatte, bin ich weggegangen. Wenn jetzt Bekannte mit ihren Kindern bei uns zu Besuch sind, kann ich mich auch mit ihnen beschäftigen, inzwischen ist das kein Problem mehr für mich.

Nachinterview Elisabeth: Sie wird ein Kind adoptieren.

Seit ich mit meinem Kinderwunsch abgeschlossen hatte, fühlte ich mich befreit und konnte auch beruflich Neues anfangen. Für Bernd war es schwieriger. Da wurde plötzlich unser Altersunterschied deutlich. Im alltäglichen Zusammenleben fiel das gar nicht auf. Aber in bezug auf den Kinderwunsch schon. Für Bernd war es schwer, sich damit abzufinden, weil er sich doch sehr ein eigenes Kind gewünscht hat. Wir haben sogar überlegt, ob wir nicht meine Schwester für eine Leihmutterschaft gewinnen könnten. Für mich wäre das in Ordnung gewesen, da ich einen guten Draht zu meiner Schwester habe. Wir haben uns deswegen auch erkundigt, aber es hat nicht geklappt. Inzwischen würde Bernd auch ein Kind annehmen. Für mich hat ein Kind nicht mehr diese Bedeutung. Ich sehe das alles nicht mehr so verkrampft. Wir wollen jetzt versuchen, ein Kind aus dem Ausland zu bekommen. Wenn es klappt, ist es gut, und wenn nicht, gibt es für mich noch viele andere Dinge, die ich gerne mache und die sich für mich anbieten.

Paula, 29 Jahre, Krankenschwester

Nach einer erzwungenen Abtreibung
konnte sie keine Schwangerschaft mehr halten.

Den Kinderwunsch habe ich schon sehr lange. Als ich sechzehn, siebzehn Jahre alt war, stellte ich mir vor, mal ein Kind zu haben. Verstärkt hat sich der Wunsch, als ich feste und stabile Beziehungen hatte. Zum Kind gehörte für mich auch eine feste Beziehung. So wurde das auch in der Familie besprochen, später, wenn ich groß bin und ein Kind habe, das wurde so vorausgesetzt, das gehörte so zum Leben.

Als ich Jahre später Rainer kennenlernte, den ich dann auch geheiratet habe, haben wir uns schon am Anfang der Beziehung darüber unterhalten, daß wir ein Kind haben wollten. Als für uns feststand, daß wir zusammenbleiben wollen, haben wir uns relativ schnell entschieden, ein Kind zu bekommen. Für Rainer war es nicht immer so klar, daß er ein Kind haben wollte, wie für mich. Aber in unserer Beziehung hat sich dann der gemeinsame Wunsch entwickelt.

Als ich Rainer kennenlernte, war ich 23; als ich 24 war, haben wir dann geheiratet. Wir wollten gleich ein Kind und haben uns richtig seelisch darauf vorbereitet. Ein Jahr haben wir es versucht, aber ich bekam immer wieder regelmäßig meine Periode. Nach einem Jahr wurden wir langsam hellhörig. Mit der Zeit wurde meine Periode immer stärker und immer schmerzhafter. Das fing in der Zeit an, als ich Rainer kennenlernte. Wir kannten uns so vier, fünf Monate, da mußte ich im Bett liegen, weil ich so starke Periodenschmerzen hatte. Ich hatte zwar schon immer leichte Beschwerden gehabt, aber es war nicht so massiv. Ich dachte, es liegt daran, weil ich mich so darauf versteife, ein Kind zu bekommen, und weil ich so angespannt bin. Die erste Reaktion von dem Arzt war: Warten Sie mal ab, das wird schon werden.

Dann sollte ich monatelang die Fieberkurve führen. Ich habe dem Arzt immer wieder gesagt, wie schlimm meine Tage waren. Der meinte nur, ich solle mich entspannen, aber das war überhaupt nicht möglich. Ich war ja auch immer wieder so enttäuscht, daß es mit einer Schwangerschaft nicht geklappt hatte. Nach eineinhalb Jahren Kinderwunsch ist er dann darauf gekommen, daß es Endometriose sein könnte, weil sich das Blutbild verändert hatte und die Blutsenkung so schlecht war. Ich hatte vorher noch nie von dieser Krankheit gehört. In der zweiten Zyklushälfte baut sich eine Schleimhaut auf, die dann wieder abgestoßen wird, wenn man seine Periode bekommt. Bei der Endometriose läuft das so ab, daß Schleimhaut auch in den Endometrioseknoten aufgebaut wird, und die blutet in der Periode mit. Die Schleimhaut kann auch außerhalb der Gebärmutter sein. Die wandert und kann überall durch und setzt sich fest. Man kann sie beschreiben als ein Geschwür oder einen Polyp. Eine Hülle, die mit Blut gefüllt ist, und die blutet zyklusmäßig jeden Monat zusätzlich mit. Wenn sie außerhalb der Gebärmutter sitzt, blutet sie in den Bauchraum hinein. Das Blut kann dann nicht abfließen, und das macht die starken wehenartigen Schmerzen. Die Endometriose kann sich auch in den Darm reinsetzen oder bis in die Nieren wandern. Sie kann dann sogar zum Tode führen. Man weiß auch nicht, ob die Endometriose nicht mit den Jahren entarten kann. Das sind eigenartige Zellen, aus der diese Schleimhaut besteht. Sie sind so hartnäckig, daß sie von der Gebärmutter bis in den Darm gelangen können, und das ist ja ein ordentlicher Weg. In einem neuen Buch habe ich jetzt gelesen, daß Endometriose häufig bei Frauen auftritt, die Fehlgeburten hatten oder lange Zeit die Spirale getragen haben. Aber das ist alles noch nicht erforscht, weil es die Krankheit noch nicht so lange gibt. Inzwischen haben das immer mehr Frauen. Das typische Alter, in dem die Endometriose auftritt, ist so zwischen zwanzig und dreißig Jahren. Wenn man bedenkt, wie lange das dauert, bis die Wechseljahre kommen, dann ist das ein sehr langer Zeitraum. Ich habe sie mit 23 Jahren bekommen. Jetzt bin ich 29. Damit muß ich bestimmt noch fünfzehn Jahre leben.

Wenn der Eisprung da war, geht es mir langsam schlechter. Ich bekomme einen stark angeschwollenen Bauch. Das ist sehr massiv, dann passe ich in keine Hose mehr, dann muß ich einen Rock anziehen. Der Bauch ist dann so angespannt, und es ist so ein Ziehen und Unwohlsein. Ich habe Schwierigkeiten mit dem Stuhlgang und mit der Verdauung. Beim Verkehr habe ich starke Schmerzen. Mit mir ist dann alles ganz anders. Da passiert im Körper etwas. Das ist die Zeit, in der sich diese Schleimhaut aufbaut. Einige Tage bevor ich meine Periode bekomme, fängt eine leichte Schmierblutung an. An dem Tag, an dem die Periode kommt, habe ich die Schmerzen so lange, bis die Periode richtig durch ist, bis es richtig stark zu bluten anfängt, dann ist es gut. Das dauert so in der Regel zwölf Stunden. Und in diesen zwölf Stunden kann ich nicht aufstehen. Die Schmerzen sind so stark, daß ich oft heulen muß. Ich kann nicht zur Arbeit gehen und muß mich auch oft übergeben. Ich habe versucht, keine Tabletten zu nehmen, weil ich auch so ein Gegner von Tabletten bin, aber es geht nicht anders. Es sind solche Schmerzen, daß es an die Toleranzgrenze geht. Aspirin und auch andere starke Schmerzmittel nützen nichts, es müssen spezielle Tabletten sein, die auf die Endometriose krampflösend wirken. Wenn ich die nehme, dann geht es halbwegs. Aber ich muß gleich zwei nehmen. Dann kann ich ungefähr eine Stunde später langsam aufstehen. Im Gesicht sehe ich dann total aufgedunsen aus. Der Körper ist voll Wasser. Ich sehe immer furchtbar aus. Dann fragen mich alle Leute, ob ich krank bin. Bekannte und Kollegen kennen das schon. Dann sehe ich total verändert aus. Wenn es anfängt zu fließen, lassen die Schmerzen langsam nach. Es sind wehenartige Schmerzen, kein permanenter Schmerz. Es ist so, als wenn der Körper gar nichts mit dieser Schleimhaut anzufangen weiß. Normale unbefruchtete Schleimhaut wird einfach abgestoßen. Aber im Körper kann das nicht abfließen. Es blutet aber, und der Körper weiß gar nicht wohin mit diesem Blut. Der Bauch ist dann total geschwollen, weil es in den Bauch auch hineinblutet. Die Regelblutung selbst ist auch sehr sehr stark. Zu Hause benutze ich Binden, aber ich muß das Bett mit Laken auslegen, so stark fließt das. Wenn ich wirklich arbeiten muß, ich kann ja nicht jedesmal fehlen, dann brauche ich so etwa zwei Packungen Tampons an einem Tag. Ich muß dann alle zehn Minuten aufs Klo, um den Tampon zu wechseln. Es ist dann einen Tag so extrem stark. Dann wird es weniger, und nach drei Tagen ist es vergessen. Bis zum nächsten Eisprung. Dann geht es wieder los. Es ist mal mehr und mal weniger schlimm. Aber es kommt jeden Monat wieder. Ich habe es wirklich schon mit allen Mitteln versucht, mit homöopathischen Mitteln, mit Tees und mit Wärmflaschen, um ein bißchen Harmonie in den Körper reinzukriegen, aber es hat leider nicht viel gebracht.

Die Endometriosenherde können wachsen und sich vermehren. Bei mir waren sie in dem Raum, der zum Rücken hinführt. Deshalb hatte ich auch immer ganz starke Kreuzschmerzen. Bei einer Operation werden diese Herde verkocht oder verödet. Das ist wie bei Krampfadern. Bei mir hat man diese Operation gemacht, das hat dann ein halbes Jahr angehalten, und dann haben sich die Herde wieder gebildet. Aber dieses halbe Jahr war es toll, da war ich ganz schmerzfrei. Aber ein halbes Jahr später war es wieder da. So lange hat die Schleimhaut gebraucht, bis sie sich wieder aufgebaut hat. Aber es ist bei weitem nicht mehr so schlimm wie vor der Operation. Jetzt nehme ich immer gleich eine Tablette, und dann bin ich auch arbeitsfähig und kann aufstehen, das konnte ich früher nicht. Ich glaube, daß meine Krankheit und auch meine Kinderlosigkeit in engem Zusammenhang mit meiner Lebensgeschichte stehen und mit der Zeit, die ich seit der Pubertät erlebt habe.

Meine Schwester ist zwei Jahre älter als ich und war als Kind sehr ruhig. Ich war schon immer temperamentvoller. Als ich in der Pubertät anfing, mich für Männer zu interessieren, als ich so fünfzehn war und mit Jungs abends mal weggehen wollte, da war meine Mutter immer dagegen. Als sie merkte, daß mich Puppen nicht mehr interessierten, sondern daß ich zum Tanzen gehen und Feste feiern wollte, konnte sie sich nicht damit abfinden, das wollte sie nicht. Wenn ich so zurückdenke, war ich ein sehr gehorsames Kind. Wenn meine Mutter sagte, um sieben oder um acht Uhr sollte ich zu Hause sein, dann war ich es auch. Da habe ich mich nicht getraut, später zu kommen. Obwohl es damals schon üblich war, daß man mit fünfzehn länger wegbleiben konnte. Die anderen haben gesagt, ich solle doch anrufen und sagen, daß ich später komme, oder gar nicht anrufen und einfach später nach Hause gehen, aber das hätte ich nie gewagt.

Ich hatte immer Angst, weil meine Mutter uns oft geschlagen hat. Da hat sie mich immer noch im Griff gehabt. Sie hat uns als Kinder geschlagen, eigentlich so lange ich denken kann, oft wegen Kleinigkeiten, so zum Beispiel, wenn wir ihr widersprochen haben oder wenn wir gekleckert hatten. Meine Schwester und ich waren immer brav. Wir haben immer einen Knicks gemacht. Wir haben immer schön gespielt miteinander. Damals wollte meine Mutter gar nicht, daß wir zusammenhalten, sie hat uns gegeneinander aufgehetzt. Eine sollte immer die andere kontrollieren. Wenn wir uns gezankt haben, dann hat sie nie den Streit geschlichtet oder probiert, einen Kompromiß zu finden, sie hat uns dafür belohnt, wenn wir die andere verpetzt haben. Und wir wollten natürlich eine Belohnung, ist ja klar. Ich wollte, daß sie mich endlich mal einen Tag in Ruhe läßt und mich nicht haut und wollte endlich belohnt werden, endlich. Das waren dann Sachen wie länger Aufbleiben oder was Süßes. Und dadurch haben wir uns immer verpetzt. Da habe ich nirgendwo einen Rückhalt gehabt, da war ich ganz alleine.

Als wir noch Kinder waren, hat uns meine Mutter immer mit der Hand auf den Kopf geschlagen, sie hat das immer Katzenköpfe genannt. Wir hatten uns beim Essen irgendwie gekabbelt. Sie kam rein, sah die Situation, und wir haben beide auf den Kopf einen Schlag bekommen. Abends, wenn mein Vater vom Dienst kam, dann wollte sie, daß er uns auch noch einmal bestraft. Aber das hat er nie gemacht. Das konnte er nicht. Mein Vater war viel weicher als meine Mutter. Teilweise hat sie ihm noch viel mehr erzählt, was wir gemacht haben sollten, nur damit er sauer wird und uns bestraft. Er wußte, daß wir viel Kloppe bekamen wegen Nichtigkeiten. Aber er konnte uns auch nicht schützen, er konnte sich selber nicht gegen meine Mutter durchsetzen, er war selber zu schwach. Sie war sehr dominant, und da konnte er sich nicht durchsetzen. Wenn mein Vater da war, hat er oft mit uns was unternommen, das war herrlich, das war richtig entspannend.

Ja, mein Vater, der war eigentlich ein sehr liebevoller Mensch, zu dem hatte ich auch Vertrauen. Meine Mutter hat uns sehr jung bekommen. Als meine Schwester kam, da war sie neunzehn, und als sie geheiratet haben, war meine Schwester auch schon ein dreiviertel Jahr alt. Ich kam so zweieinviertel Jahre später, und heute sagt sie immer, ich war ein Wunschkind. Ich denke, irgendwie ist sie mit dieser ganzen Situation überhaupt nicht fertig geworden, daß sie Kinder hatte und mein Vater den ganzen Tag außer Haus war. Sie hatte genau dieselbe Kindheit, die sie uns dann beschert hat. Wenn sie mit ihrer Mutter gesprochen hat, bekam sie immer gleich eine geknallt. Das hat sie bei uns ganz genauso gemacht. Wahrscheinlich war sie total überfordert. Sie war immer sehr akkurat, da durfte kein Krümel auf dem Fußboden liegen. Sie hat bestimmt jeden Tag drei, vier Stunden geputzt. Auch im Kinderzimmer durfte nichts rumliegen. Da hat sie jeden Tag geputzt und gesaugt. Das war ihr dann alles zuviel, und sie hat ihre Unzufriedenheit an uns ausgelassen.

Als ich vierzehn war, habe ich mich mächtig verknallt in einen Jungen, der zwei Jahre älter war. Das war am Anfang so ein Erkunden, wie das ist, mit einem Jungen zusammenzusein. Er sah sehr männlich aus, hatte schon einen Schnurrbart. Ich fand das unheimlich toll. Es war so schön und so sanft, und meine Mutter hat alles total runtergezogen. Ihr wollt doch nur ins Bett gehen, hat sie gesagt. Bei uns waren erst mal andere

Dinge dran, wie das überhaupt ist mit einem Mann, wie das ist, einen Mann überhaupt anzufassen. Meine Mutter wollte das von Anfang an unterbinden. Sie hat dazu auch meine Schwester eingesetzt. Aber inzwischen war sie auch schon sechzehn und hat sich langsam von meiner Mutter gelöst. Sie hatte eine Beziehung zu einem Mann und hat sich dadurch total geändert. Ich durfte mich nicht mit meinem Freund treffen, ich mußte weiterhin abends um acht zu Hause sein und Hausaufgaben machen. Wir haben uns im Endeffekt immer nur ein paar Stunden gesehen. Ich fing dann auch an zu lügen, um überhaupt etwas Zeit für mich zu haben. Ich habe gesagt: Ich gehe zu meiner Freundin, und du kannst ruhig anrufen. Meine Mutter hat auch immer so Telefonkontrollen gemacht. Meine Freundinnen haben alle dichtgehalten. Die konnten diese Situation nicht verstehen. Die sind alle ganz anders aufgewachsen in meiner Klasse, viel freier, und sie hatten alle Mitleid mit mir. Die haben mich gedeckt, und sogar deren Eltern. Wenn meine Mutter angerufen hat, haben sie gesagt, ja, die Paula ist hier, aber sie sind gerade rausgegangen zum Spielen. Ich tat denen anscheinend leid. So haben wir uns zwei Jahre lang heimlich getroffen. Als es rausgekommen ist, war ich dann sechzehn. Sie hat uns auf der Straße gesehen, Hand in Hand. Ich werde diesen Moment nie vergessen, ich habe die Hand festgehalten und habe gesagt: Komm weiter, nicht gucken, nicht gucken, ich wollte nicht mit ihr zusammentreffen. Mit ist der Schweiß runtergelaufen, und er wußte gar nicht, was los war. Ich hatte dann den ganzen Nachmittag Angst, nach Hause zu kommen. Ich habe geheult und wollte nicht nach Hause, weil ich solche Angst vor meiner Mutter hatte. Zu Hause ging es dann natürlich los: Warum hast du mir das denn nicht erzählt? Erst mal so ganz vertrauensselig. Dann hat sie mir Vorwürfe gemacht, und dann kam der Spruch: Wehe, du kommst mit einem Kind nach Hause. Sie hat gar nicht gefragt: Versteht ihr euch, oder wie sieht das mit Verhütung aus, nein, überhaupt nicht. Nur Druck, Druck. Sie meinte auch, er würde so alt aussehen und sei bestimmt schon über zwanzig. Ich habe vorgeschlagen, daß sie ihn ja mal kennenlernen könne. Aber das wollte sie nicht. Nein, der kommt mir hier nicht her. Ich durfte ihn nie mit nach Hause nehmen. Mir wurden immer mehr Auflagen gemacht, ich mußte nach der Schule gleich nach Hause und wurde immer mehr kontrolliert.

Mit sechzehn war ich dann das erste Mal schwanger. Wir durften uns immer bei meinem Freund treffen, bei den Eltern meines Freundes, die waren ganz lieb und haben uns auch oft ihre Wohnung zur Verfügung gestellt. Sie haben gesagt, daß sie anrufen, bevor sie wiederkommen, wir könnten es uns gemütlich machen. Sie haben unsere Intimsphäre gewahrt. Ihr Sohn war inzwischen volljährig, und sie konnten gut damit umgehen. Das war für uns immer ganz toll, ich habe mich so wohl gefühlt, richtig befreit von meiner Mutter. Seine Mutter hat mich auch nach der Verhütung gefragt. Ich habe nichts genommen, und da ist sie mit mir zusammen zum Arzt gegangen, der hat mich untersucht und hat mir die Pille verschrieben. Ich hatte immer Angst, daß meine Mutter die Pille bei mir findet, weil sie die Handtaschen kontrolliert hat. Alle Briefe hat sie geöffnet. Jeden Abend mußte ich die Handtasche auspacken, und dann hat sie geguckt, ob Zigaretten drin sind, und da hatte ich immer Angst, meine Mutter könnte die Pillen finden. Ich habe in meinem Zimmer nie einen Fleck gehabt, den sie nicht durchstöbert hätte. Alle Verstecke hat sie gefunden bei ihrem Putzwahn.

In dieser Zeit habe ich angefangen, mich mit meiner Schwester zu solidarisieren. Da haben wir auch angefangen, miteinander zu reden. Weil ich Angst hatte, meine Mutter finde die Pille, bin ich vor der Schule immer zu der Mutter meines Freundes und habe die Pille eingenommen. Das war immer mein Weg jeden Morgen. Sie hat oft schon am Fenster gestanden und auf mich gewartet. Sie hat versucht, Kontakt mit meiner Mutter aufzunehmen, um mit ihr drüber zu reden. Das waren ganz einfache Leute, und meine Mutter meinte, die seien doof, und mit Arbeitern spreche sie nicht über ihre Tochter. Also, sie hat es von vornherein abgelehnt.

Meine Mutter wußte auch, daß ich Verkehr mit diesem Mann hatte. Immer wenn ich mich ausgezogen hatte, bin ich ins Bad gegangen und wollte mich ganz in Ruhe waschen. Dann kam sie jedesmal ins Bad und hat mich angeschaut und mich am ganzen Körper angeguckt. Wahrscheinlich hat sie nach Knutschflecken gesucht. Sie hat auch zu mir gesagt: Dreh dich mal um. Ich habe mich so geschämt und wollte für mich sein.

Als wir mal zusammen schwimmen waren, war mein Bikini naß, und da hat mein Freund gesagt: Komm, zieh du von mir eine Unterhose an. Ich hatte kein Wechselzeug mit. Ja, und ich habe das auch noch gemacht und habe nicht daran gedacht, daß das meiner Mutter ja auffallen könnte; und ich zieh' mich aus, und natürlich fiel ihr das auf, daß ich eine Männerunterhose anhatte. Die hat sofort geschlagen, und wie das komme, und ich mußte Rechenschaft ablegen, und ich hatte natürlich gelogen und gesagt, ich hätte meine Bikinihose verloren, und dann hätte mir mein Freund eine Unterhose geborgt. Ja, wo hast du die denn angezogen? Ja, auf der Toilette, und ich habe auch abgeschlossen. Das war schrecklich, da hatte ich überhaupt nicht dran gedacht. Wir waren so vorsichtig, ich war auf alles programmiert.

Meine Freundinnen hatten mir gesagt, daß man es an den Augen sehe, wenn man keine Jungfrau mehr ist. Dann habe ich mich nicht mehr getraut, meiner Mutter in die Augen zu gucken, weil ich immer gedacht habe, die sieht das. Sie hat auch immer so ganz komisch geguckt. Dann habe ich mich stundenlang geduscht, weil ich gedacht habe, sie könnte was riechen oder was erahnen.

Mit sechzehn habe ich dann die Schule geschmissen. Obwohl ich recht gute Leistungen hatte. Ich habe als Vorschülerin im Krankenhaus angefangen, weil ich unbedingt von zu Hause weg wollte. Eigentlich wollte ich Abitur machen und studieren. Mein Wunsch war immer, Lehrerin zu werden. Da meine Mutter aber immer gesagt hatte, daß ich zu Hause wohnen bleiben müsse, solange ich zur Schule ginge, und sie so lange über mich bestimmen könne, war das nicht möglich für mich. Das konnte ich nicht mehr aushalten. Da bin ich mit blutendem Herzen abgegangen. Ich wollte schnell eine Lehre anfangen, Geld verdienen und ausziehen, das war meine Vorstellung.

Ich mußte noch mit meinen Eltern zusammen verreisen. Wir sind nach Spanien gefahren, und da habe ich das Essen nicht so gut vertragen und sehr oft gebrochen. Ich war so unaufgeklärt und wußte nicht, daß man die Pille dann auch rausbricht. Der Arzt hatte mich auch nicht darüber aufgeklärt. So war das früher, bloß nicht darüber sprechen, schlimm genug, daß eine Sechzehnjährige schon die Pille nimmt. Die Pille hatte jedenfalls ihre Wirkung verloren, und ich war schwanger. Ich bin gar nicht drauf gekommen, weil ich das nicht gewußt hatte, daß ich die Pille mit erbrochen hatte. Ich habe das ziemlich lange verdrängt. Ich habe mich zwar gewundert, daß die Brüste größer wurden, und dachte, da stimmt doch was nicht. Ich habe mich aber nicht getraut, zum Arzt zu gehen. Jeden Morgen, bevor ich zur Arbeit gegangen bin, mußte ich mich übergeben. Heimlich, ganz leise, bin ich auf die Toilette verschwunden, Türe zu, daß meine Mutter nichts hörte. Die einzige Vertrauensperson, die ich damals hatte, als ich Vorschülerin war, war die Schulschwester. Zu der hatte ich einen guten Draht, die war so alt wie meine Mutter, aber wir haben uns immer gut verstanden. Der habe ich das erzählt, daß ich mich so komisch fühlte und mich erbrechen mußte und daß sich mein Körper veränderte. Mensch Kind, hat sie gesagt, ich glaube, du bist schwanger. Ich konnte das gar nicht glauben, weil ich doch die Pille genommen hatte. Sie hat mir zugeredet, zu einem Gynäkologen zu gehen. Der hat festgestellt, daß ich schon im dritten Monat war. Ja, das kann ich gar nicht richtig beschreiben. Ich saß da und dachte, ich hau ab, ich gehe nie wieder nach Hause, das war ein richtiger Schock. In der Zeit war das mit meinem Freund auch schwierig, der war achtzehn und viel mit seinen Kumpels zusammen. Der konnte mit der Situation gar nichts anfangen und meinte nur, das schaffen wir schon irgendwie. Er hat gar nicht erfaßt, was das bedeutet, ein Kind zu bekommen.

Ich dachte, der einzige, dem du das sagen kannst, ist dein Vater. Ich habe ihn vom Dienst abgeholt und stand unten vor der Tür, das werde ich nie vergessen. Er wußte gleich, daß irgendwas Schlimmes passiert sein mußte. Was ich denn verbrochen hätte, hat er gleich gefragt. Ich habe gesagt: Ich habe nichts verbrochen, es ist etwas ganz anderes. Er hat ganz ruhig auf mich eingesprochen, ich habe erst mal nur geheult. Dann habe ich gesagt, daß ich schwanger bin. Er war ganz gefaßt, ganz ruhig. Ich habe gedacht, der fängt an zu schreien oder dreht durch, nein, er war ganz ruhig. In diesem Moment habe ich das erste Mal gespürt, daß er selber Angst vor meiner Mutter hatte. Er hat gesagt: O Gott, wie bringen wir das deiner Mutter bei. Er meinte, ich sollte mir das überlegen, ob ich das Kind austragen wolle oder nicht, und meinte, das kriegten wir auch noch durch. Er hat mir auch gesagt, daß ich es mir gut überlegen solle, weil ich noch so jung bin. Er war ganz lieb und hat mich getröstet, hat mich in den Arm genommen und die Situation, glaube ich, irgendwie verstanden. Dann sind wir nach Hause, und meine Mutter hat sich gleich gewundert, daß ich mit meinem Vater kam, und sie fragte gleich: Was ist denn passiert, was ist denn los? Und das erste, was mein Vater gesagt hat, war: Und wenn du Paula jetzt schlägst, dann packe ich meine Koffer. Das werde ich nie vergessen, daß er das gewagt hat. Er sagte: Deine Tochter bekommt ein Kind. Da hat sie ausgespuckt und gesagt: Du Hure, ich habe es doch geahnt, daß du mit dem rummachst. Aber sie hat mich nicht geschlagen, weil sie wohl gemerkt hat, daß es meinem Vater ernst war. Er hat gesagt: Ja, wir müssen uns jetzt mal zusammensetzen und überlegen, was wir machen. Aber sie meinte: Da gibt es überhaupt nichts zu überlegen, das Kind kommt weg. Das hat sie gleich gesagt.

Na, dann ging alles seinen Weg. Ich wurde nicht mehr gefragt, da war ich so im vierten Monat und schon ein bißchen rund. Mein Vater hat mir heimlich Schokolade mitgebracht, aber sie hat ihn angeschrien und ihm gesagt, er solle mich nicht auch noch verwöhnen, bei dem, was ich verbrochen hätte. Dann ist sie mit mir zu Pro Familia gegangen. Und das war damals noch ganz anders als heute. Die haben mich ganz schön unter Druck gesetzt. Meine Mutter hat mir natürlich vorher schon eingeimpft, was ich sagen sollte. Ich sollte angeben, daß ich aus dem Fenster springen würde, wenn ich das Kind bekommen müßte, und mein Freund sei arbeitslos und ein Taugenichts. Das habe ich auch alles gesagt. Ich hatte solche Angst, daß ich alles nachgeplappert habe, wie auswendig gelernt. Die Sozialarbeiterin hatte kein Gefühl dafür, daß da irgendwas nicht stimmte. Sie stand eigentlich mehr auf der Seite meiner Mutter. Dann hat sie mir erzählt, was sie so erzählen muß, also Mutter-Kind-Heime gebe es, und da könne ich rein, weil meine Mutter gleich gesagt hat, sie wäre nicht bereit, das Kind aufzunehmen. Da hat die Sozialarbeiterin gesagt, ich müßte ins Heim gehen. Mit meiner Ausbildung müßte ich erst abwarten, ob ich die weitermachen könnte. Na ja, und dann hat sie mir diesen Stempel mit der Einwilligung zur Abtreibung gegeben, und ich bin dann mit meiner Mutter ins Krankenhaus. Das ging alles über meinen Kopf hinweg, und zwei Tage später wurde ich aufgenommen.

Aber ich wollte das überhaupt nicht. Ich wollte das Kind nicht abtreiben lassen. Das war für mich in der Zeit klargeworden. Die Schwierigkeiten konnte ich schon gut überdenken. Aber ich wollte mich nicht auf eine Abtreibung einlassen. Doch das wurde für mich entschieden, ich wurde überhaupt nicht gefragt. Ich wurde wie eine Verbrecherin behandelt. Ich sollte noch dankbar sein, daß sie mir überhaupt noch halfen. Und dann lag ich dann da und mußte vorbereitet werden, und das war damals alles noch ganz anders, da wurde nicht einfach kürettiert, sondern da wurde Prolaktin gespritzt, damit man es auf normalem Weg verliert. Den Schwestern habe ich immer gesagt: Ich will das Kind behalten, nur meine Mutter will die Abtreibung. Aber die konnten auch nichts machen, weil ich noch minderjährig war und meine

Mutter ihre Einwilligung gegeben hatte. Die Frauen in meinem Zimmer waren alle schon etwas älter. Die haben gesagt: Wenn du das Kind haben willst, dann hau doch ab. Dann war es ganz dramatisch. Als mein Freund mich besuchen kam, hat er meine Sachen gepackt und gesagt: Jetzt gehen wir, jetzt können die uns hier alle mal. Die Oberschwester und der Stationsarzt haben mich festgehalten, weil wir gehen wollten, und ich habe immer geschrien: Ich will mein Kind behalten, wir schaffen das schon. Aber ich war ja minderjährig, und meine Mutter hatte unterschrieben, das Sozialamt hatte auch den Stempel gegeben, da war ich ausgeliefert und mußte mich fügen. Von den Spritzen bekam ich furchtbare Wehen, zwölf Stunden lang. Trotz zwölf Stunden Wehen ist das Kind nicht abgegangen. Das saß bombenfest. Ich glaube, es wollte nicht raus. Die Frauen im Zimmer haben mir immer den Schweiß von der Stirn gewischt, sie haben immer Kindchen zu mir gesagt, ich sah auch wirklich wie ein Kind aus. Ich hatte kaum Brust, war so klein und dünn. Die wollten mich trösten und meinten: Vielleicht kriegst du ja noch mal ein Kind. An dem Tag der Operation war ich wie tot. Gefühlsmäßig war ich wie tot. Der Stationsarzt kam mit irgend so einem Spruch: Na, nun stell dich mal nicht so an, wenn es reingekommen ist, dann kommt es auch wieder raus. Also das ist ja jetzt Jahre her, zwölf Jahre her. Nachher meinte er noch so beiläufig, daß es ein Junge gewesen wäre. Das sollte ich ruhig wissen, daß ich das nächste Mal ein bißchen besser aufpassen würde. Das hat er auch noch gesagt. Ich kann das gar nicht beschreiben, wie das für mich war, da gibt es keine Worte mehr.

Meine Mutter ist mich nicht besuchen gekommen in der ganzen Zeit. Mein Vater kam einmal während der Dienststunden, heimlich, denn das durfte meine Mutter nicht wissen, und hat mir ein paar Weintrauben gebracht. Ich lag sehr lange im Krankenhaus, weil ich noch eine Infektion bekommen hatte. Vierzehn Tage waren das, und nicht einer ist gekommen. Das war ein Makel, das durfte keiner in der Familie wissen. Wir mußten darüber schweigen. Keiner aus der Familie wußte, daß ich im Krankenhaus lag, sonst wären sie mich auch besuchen gekommen, meine Oma auf alle Fälle. Wenn ich das jetzt erzähle, werde ich wieder wütend auf meine Mutter. Das geht mir immer so. Es tut auch immer noch weh. Besonders bitter ist es für mich, weil das wirklich die einzige Schwangerschaft war, die gehalten hat. Das Kind wollte bei mir bleiben, trotz aller Schwierigkeiten, die vielleicht damit verbunden gewesen wären. Das war ein Einschnitt in meinem Leben, das hat mich geprägt und viele, viele Jahre immer wieder beschäftigt. Ich habe oft davon geträumt, immer wieder, wenn eine Freundin eine Abtreibung gehabt hat, ich habe noch mal mitgelitten, obwohl die das selber für sich entschieden hatten und den Schritt machen wollten. Für mich war dann der alte Schmerz wieder da.

Das war ein richtiges Trauma. Ich war so voller Angst, daß ich mich von meiner Mutter wieder habe unterkriegen lassen. Sie hatte mich so fest im Griff, ich habe mit meiner Mutter nie wieder darüber gesprochen. Sie hat immer gemeint, daß ich dankbar sein muß, weil sie mir geholfen hat. Das hat sie als Hilfe empfunden. Als wenn sie mir wahnsinnig aus der Patsche geholfen hätte. Für mich war es gefühlsmäßig ganz anders. Vielleicht hätte ich mich auch für eine Abtreibung entschieden, aber unter diesem Druck wurde ich gar nicht gefragt. Sie hätte auch sagen können: Überlege es dir, pro und contra, und laß es an dich rankommen. Aber so ging alles über meinen Kopf hinweg. Sie hat über meinen Körper entschieden, weil sie meine Mutter ist, mich geboren hat. Das war das Schlimme, daß ich nichts entscheiden konnte, nichts in mir reifen lassen konnte. Mit niemandem habe ich darüber sprechen können, und auch danach wurde es totgeschwiegen.

Von dem gleichen Mann war ich dann noch dreimal schwanger, aber es waren immer Fehlgeburten. Das war auch ein Verhütungsproblem, ich habe die Pille nicht vertragen. Ich bin auch einfach spielerisch damit umgegangen. Ich hatte mal gelesen, daß man nach Abtreibungen keine Kinder mehr bekommen kann. Für mich war das so ein Probieren. Eigentlich wollte ich mit diesem Mann kein Kind haben. Es war eher so eine chaotische Beziehung. Ich glaube manchmal, wenn ich so darüber nachdenke, daß ich es auch habe darauf ankommen lassen. Und wenn ich schwanger war, dachte ich: Aha, es hat doch funktioniert. Aber ich habe es immer wieder verloren. Ohne irgendwelches Dazutun. Es waren spontane Fehlgeburten. Warum das so war, konnte mir keiner erklären. Die letzte Fehlgeburt hatte ich mit 21. Das konnte ich kaum noch verkraften. Ich konnte das nicht verstehen. In der Zeit fing das an mit dem Haß auf meine Mutter. Die verstand das gar nicht, warum ich immer Fehlgeburten hatte. Aber ich wußte, daß es irgendeinen Zusammenhang gibt. Die Ärzte haben immer gesagt: Sie bekommen noch genug Kinder. Schließlich war ich erst 21. Ich bin danach nie wieder schwanger geworden. Ich bin mit dem Mann zusammengezogen. Wir hatten gerade eine gemeinsame Wohnung, als er wenig später gestorben ist. Wir waren in Afrika in Urlaub, und er hat sich dort die Gelbsucht geholt. Diese Form der Gelbsucht ist ganz selten. Die Leber zerfällt in kürzester Zeit. Man glaubte auch eine Zeitlang, die Krankheit gebe es gar nicht mehr. Ich habe unheimliche Panik gehabt, daß ich mich auch angesteckt hätte.

Ich mußte immer wieder zur Blutabnahme. Das ging alles so schnell, es war unfaßbar. Das war nicht so eine Krankheit, auf die man sich einstellen kann. Er war ein gesunder Kerl, richtig stabil. Auf einmal war er ganz gelb. Ich weiß noch, das war kurz vor meinem Geburtstag. Er kam ins Krankenhaus. Erst schien es noch ganz harmlos. Auf einmal war er bewußtlos. Er kam auf die Intensivstation und mußte beatmet werden. Nach vierzehn Tagen ist er gestorben. In der Zeit war ich Tag und Nacht bei ihm. In dieser Zeit haben wir unsere Beziehung noch einmal an uns vorüberziehen lassen. Das waren ja inzwischen acht Jahre. In dieser Zeit sind wir uns noch mal ganz nahgekommen. Dann dieser Bruch. Ich dachte auch immerzu: Du kannst mich doch jetzt nicht verlassen. Gerade eine Wohnung genommen und das Zusammenleben ausprobiert. Jeder hatte sein Zimmer, da waren ganz andere neue Sachen wichtig, wir sind so im Aufbruch gewesen. Ich träume noch oft davon. Ich muß immer wieder daran denken, daß ich von ihm viermal schwanger war und wie ich das damals empfunden habe.

Diese Zeit war schrecklich schwer für mich, und ich hatte wieder keine Unterstützung von zu Hause. Ich stand wieder alleine. Ich hatte nur eine Freundin, das war immer so in meinem Leben, daß mir andere Menschen näher standen als meine Familie, als meine Eltern. Es war so etwas wie Witwe werden. Wir waren zwar nicht verheiratet gewesen, aber aus meinem Leben war auf einmal ein Teil verschwunden. So schwierig die Beziehung auch war, wir haben eine lange Entwicklung miteinander durchgemacht. Die ganze Pubertät, die habe ich ja mit ihm erlebt. Er wollte damals eine Frau, die ihm gehört, im wahrsten Sinne des Wortes. Ich gehe einfach davon aus, daß wir heute nicht mehr zusammen wären, weil ich mich so verändert habe, aber manchmal habe ich das Bedürfnis, noch mal mit ihm über alles reden zu können.

Viel später habe ich mich mit meiner Schwester ausgesprochen. Da haben wir uns zusammengesetzt, um mal über unsere Kindheit zu reden. Dadurch sind wir uns nähergekommen. Wir haben das alles zusammen aufgearbeitet. Sie hat mir auch gesagt, daß sie oft Mitleid mit mir hatte, daß es ihr so weh getan hat, wenn ich verhauen wurde und sie zu schwach war, um einzugreifen, zu sagen: Jetzt hörst du auf. Wir konnten uns diese Gefühle gegenseitig mitteilen, und inzwischen haben wir ein ganz inniges Verhältnis. Wir haben uns gegen unsere Mutter solidarisiert. Wir halten zusammen, teilen alle Sorgen und sind uns ganz nah. Das gefällt meiner Mutter heute auch nicht. Das wollte sie ja nie.

Meine Schwester war es auch, die die Anzeige für die Gruppe in der Zeitung gefunden hat. Ihr hatte ich oft erzählt, wie ich leide, und habe auch oft bei ihr geweint. Ich fand es auch so ungerecht, daß sie zwei Kinder hat. Ich mußte irgendwas tun, mich mit anderen austauschen und einfach mal darüber sprechen. Ich hatte schon richtige Depressionen, weil ich die Kinderlosigkeit nicht annehmen konnte. Eigentlich ist der Schritt, überhaupt in die Gruppe zu kommen, schon sehr mutig. Das setzt die Bereitschaft voraus, über sich zu reden und sich zu trauen, überhaupt etwas Persönliches von sich zu sagen. Denn Kinderwunsch hat ja auch immer mit Sexualität zu tun, und wer spricht denn darüber? Wer geht denn hin und erzählt: Das Sperma von meinem Mann ist nicht gut. Dann hörst du Sprüche wie: Du mußt eben den Mann wechseln, oder: Da macht ihr wohl was falsch, oder noch schlimmer, wenn Männer sagen: Ich kann ja mal vorbeikommen. Das trifft dann sehr.

Inzwischen weiß ich, daß die Leute selber unsicher sind, wenn sie so etwas ablassen. Aber es hat mich oft niedergeschmettert. Offensichtlich ist es nur ganz selten möglich, vernünftig darüber zu sprechen. Ich war etwa zweieinhalb Jahre in der Gruppe. Das Gefühl, hier immer was abladen zu können, war wichtig. Bei Rainer konnte ich das zwar auch, aber das war ganz anders. Wenn mir eine Frau gegenübersaß und sagte: Genau dieses Ziehen kenne ich, dann ist das einfach anders, als wenn ein Mann sagt: Ich kann verstehen, wie weh das tut. Ein Partner ist auch gefühlsmäßig mehr beteiligt. Vielleicht sagt er etwas nur, um mich nicht zu verletzen. Oder sagt auch mal was, gerade um mich zu verletzen. In der Gruppe war es teilweise auch ein richtiger Kampf. Es war gut, das einfach mal rauslassen zu können, ohne Rücksicht zu nehmen. Für mich war es sehr wichtig, in der Gruppe diese Erfahrung zu machen. Das war die Zeit, als ich mich noch gar nicht getraut habe, meiner Mutter zu widersprechen oder ihre Forderungen nicht zu erfüllen.

Es wurde von mir erwartet, daß ich anrufe, mich nach ihr erkundige und auch am Wochenende mit Rainer hingehe. Das war alles ganz selbstverständlich. Es wurde erwartet, daß wir am Wochenende zu diesen Familientreffen gingen, gemeinsam mit meiner Schwester und deren Familie. Es hat lange gedauert, bis ich überhaupt mitbekommen habe, daß mir das Ganze nicht paßte, daß ich es schrecklich fand, wenn meine Mutter so mit den Kindern rumschmuste und sie verwöhnte. Es hat noch mal sehr lange gedauert, bis ich überhaupt gewagt habe, daran zu denken, mich von meiner Mutter zu lösen. Und ich bin da auch immer wieder rückfällig geworden. Ich habe mich immer wieder unterkriegen lassen von ihr. Ich hatte immer wieder ein schlechtes Gewissen und auch Angst vor ihr. Inzwischen wage ich es schon, meine Mutter zu kritisieren. Wenn sie am Telefon sagt: Du kommst mich ja gar nicht besuchen, kann ich jetzt manchmal antworten, daß ich kein Interesse daran habe, daß ich kein Bedürfnis habe, sie zu sehen. Das ist für mich ein gewaltiger Schritt, aber ich bin doch noch sehr vorsichtig mit ihr.

Früher habe ich mich für Rainer sehr verantwortlich gefühlt. Ich habe mich genauso verhalten wie meine Mutter, die Superhausfrau. Wenn er abends nach Hause kam, habe ich ihm das Essen hingestellt. Bis er eines Tages gesagt hat, ich solle das doch lassen, er habe auch zwei gesunde Hände und könne sich sein Essen selber machen. Er hat mir das Gefühl gegeben: Du bist trotzdem eine Frau. Du tust mir gut, wenn du da bist, auch dann, wenn du kein Essen auf den Tisch stellst. Das hat mich sehr verwundert. Aber ich finde das ganz toll, daß er mich als vollwertige Frau ansieht, obwohl ich nicht koche, nicht ständig an ihm rummache und kein Kind bekomme. Vom Kopf her ist es logisch, und da hatte ich auch den Anspruch, mich nicht über das Hausfrauenverhalten als Frau zu definieren. Aber diese Einsicht auch vom Gefühl her anzunehmen, das war viel schwerer und hat lange gedauert.

Ich finde das ganz ungerecht und gemein, daß wir keine Kinder bekommen. Wir verstehen uns sehr gut, harmonieren miteinander und lieben uns. Ein Kind zusammen zu haben, das wäre die Krönung. Mit meinem früheren Freund war die Beziehung nicht so stabil, aber ich bin mehrmals schwanger geworden. Eine Zeitlang habe ich Rainer angegriffen und ihm Vorwürfe gemacht, weil er mir kein Kind machen konnte. Da hatte ich oft die totale Wut. Wir hatten viele Auseinandersetzungen deswegen. Das hat ihn immer wieder dazu bewogen, zum Arzt zu rennen und immer wieder neue Medikamente zu nehmen, damit seine Spermien besser werden. Durch die Tabletten haben sich zwar mehr Spermien entwikkelt, aber sie sind immer noch sehr unbeweglich. Rainer ist von seiner Mentalität her ein sehr ruhiger Typ und sehr bedacht. Er überdenkt immer alles. Er ist so langsam und ruhig, und genauso sind auch seine Spermien. Ich habe ihm gesagt, er soll doch mal ein bißchen beweglicher werden, dann werden es die Spermien vielleicht auch. Das hat ihn aber sehr getroffen. Wir haben uns gegenseitig sehr verletzt. Ich war oft traurig und deprimiert, und er war so hilflos. Das Gute war, daß wir immer wieder Ansätze gefunden haben, darüber zu reden. Es gab eine kurze Zeit, da war es einfach nicht möglich, da waren wir beide zu. Aber auch nach dieser Phase haben wir einen Weg gefunden, miteinander zu reden. Manchmal kam das täglich auf den Tisch, und wir haben stundenlang darüber gesprochen und auch gemeinsam darüber geweint, uns getröstet oder uns auch mal angeschrien. Es war sehr wichtig für uns, daß wir das alles gemeinsam getragen haben. Daß wir auch die Wut des anderen ertragen konnten.

An die Operation der Endometriose waren wieder viele Hoffnungen geknüpft. Gleichzeitig war auch die Angst da, daß etwas schiefgehen oder daß etwas Schlimmes im Bauchraum gefunden werden könnte, daß die Eierstöcke vielleicht rausmüßten, weil die Entzündungen so stark waren. Bei der Entlassung wurde mir gesagt: Jetzt werden Sie schwanger. Nach drei, vier Monaten war immer noch nichts. Erst war ich ganz erschüttert und enttäuscht, und langsam wurde ich immer skeptischer. Ich habe jetzt das Gefühl, daß es mit einer Schwangerschaft nichts mehr werden wird. Das ist so ein Gefühl, das man schwer beschreiben kann. Auf einmal habe ich das gespürt: Dein Körper wird nie ein Kind bekommen, du bist nicht bereit, ein Kind zu bekommen. Ich habe in mich hineingehorcht. Seitdem ist es für mich immer klarer geworden. Wenn ich jetzt meine Periode bekomme, dann ist das für mich nicht mehr dieser Schock, sondern ich kann besser damit umgehen. Ich habe mich jetzt entschieden, eine Ausbildung als Erzieherin anzufangen, dann habe ich wenigstens beruflich mit Kindern zu tun.

Nachinterview Paula: Sie entschließt sich zur Adoption.

Ein dreiviertel Jahr nach der Operation haben wir noch mal eine Insemination machen lassen. Eigentlich wollten wir dieses ganze Theater beide nicht mehr. Aber es war so verführerisch. Ich war zwei Monate lang jeden Tag in der Klinik und habe Spritzen bekommen, um einen Eisprung zu erzielen. Jeden Tag, auch mal nachts, war ich da, um die Spritze zu bekommen. Jeden Tag waren da so vierzig, fünfzig Frauen, und im Durchschnitt mußte man zwei Stunden sitzen und warten. Das haben wir zwei Monate lang gemacht. Als dann die Follikel zu sehen waren, wurde eine Insemination gemacht. Rainer mußte seinen Samen in ein Töpfchen reinspritzen. In so einer Kammer oben im Labor. Die Laborantin ist schon hektisch rumgerannt, weil es so lange gedauert hat. Seine Spermien mußten erst aufgearbeitet werden. Für ihn war es ein Horror. Er hat es nur mir zuliebe getan.

Rainer hat sich da mit anderen Männern unterhalten. Die saßen vor dem Labor auf einer Holzbank. Er hat mit einem Mann gesprochen, der war selber Arzt, und seine Frau war schon in Narkose. Da sollte ein Retortenversuch gemacht werden. Er sollte die Spermien in ein Töpfchen fabrizieren, und es hat nicht geklappt. Seine Frau war schon in Narkose, und er hat es nicht geschafft, seine Samen zu produzieren. Der war fix und fertig. Er sagte, daß sie es das sechste Mal machten, aber jetzt sei es aus. Das war sehr entwürdigend dort, und Rainer hat viele Tränen vergossen. Diese Laborantin hatte auch nicht das richtige Gefühl für die Situation. Sie schrie über den ganzen Flur: Herr Soundso, hier Ihr Töpfchen und Tempos. Rainer hat zu ihr gesagt: Müssen Sie denn immer so schreien, und alle haben sich natürlich in dem Moment nach ihm umgedreht.

Ich mußte runter auf eine Entbindungsstation, in ein Untersuchungszimmer, und auf diesem Stuhl habe ich eine halbe Stunde gewartet, weil in dieser Zeit die Spermien aufgearbeitet wurden. Nach dem Motto: die Guten ins Töpfchen ... Die wurden aussortiert, aufgearbeitet und auf eine Spritze gezogen. Dann kam die Laborantin runter, und Rainer sollte dann vor der Tür bleiben. Aber er bestand darauf, daß er mit rein konnte. Ich wollte das auch unbedingt, daß Rainer bei mir blieb. Es betrifft schließlich uns beide. Er hat mir die Hand gehalten. Er hat sich da auch nicht verdrängen lassen. Dann wurde das Sperma mit dieser Spritze durch den Muttermund durchgespritzt direkt in die Gebärmutter. Das tat tierisch weh. Ich war auf dem Stuhl total verkrampft. Der Arzt meinte: Nun bleiben Sie mal schön locker, aber das war überhaupt nicht drin. Das war auch alles so unangenehm, weil in dem Untersuchungszimmer so viele Leute waren. Assistenzärzte waren da, und die Oberschwester wollte immer eine Unterschrift haben, und eine Schwester sortierte irgendwelche Instrumente. Ein Glück, daß Rainer da war und meine Hand gehalten hat. Also es hat wirklich sehr, sehr weh getan.

Dann mußte ich auf die Trage, weil man danach zwei Stunden nicht rumlaufen soll, damit nicht alles gleich wieder rausfließt. Ich mußte mit dem Bauch auf die Trage. Der Po war frei, da kam kein Mensch auf den Gedanken, mich zuzudekken. Dann haben sie mich auf die Entbindungsstation gefahren. Zuerst wollten sie mich in ein Zimmer bringen. Aber es ist ihnen selbst aufgefallen, daß das wohl nicht so passend wäre. Daraufhin kam ich in eine Art Aufenthaltsraum. Ich lag dann und hörte, wie die Babys schrien, die gerade zum Stillen verteilt wurden. Eine ehemalige Kollegin, mit der ich jahrelang zusammengearbeitet habe, guckte ins Zimmer, aber da war es schon aus, da konnte ich nichts mehr sagen. Ich habe die ganzen zwei Stunden nur geheult. Ich habe mich nicht mehr beruhigen können. Das war so schlimm. Es war einfach zuviel. Ich habe tagelang nur geheult, und dann habe ich gesagt: Ich halte das nicht mehr aus. Ich mache das nicht mehr mit. Wir haben es nur zweimal gemacht, aber das war zuviel. Der Arzt meinte, wir sollten es wenigstens sechs-, siebenmal versuchen, dann hätte es überhaupt erst Chancen. Aber wir haben die Behandlung nach dem zweiten Mal abgebrochen. Wir sind nie wieder da hingegangen, ich war psychisch nicht mehr in der Lage dazu. Danach waren wir beide völlig am Ende. Wir haben dann gar nichts mehr gemacht. Ich bin nicht mehr zum Gynäkologen gegangen. In dieser Zeit reifte dann der Wunsch, ein Kind zu adoptieren. Ich dachte: Du mußt jetzt für dich einen Weg finden, eine Lösung. Ich wußte, ins Krankenhaus gehe ich nicht mehr. Ich lasse auch keine Insemination mehr machen, ich nehme keine Medikamente mehr. Plötzlich war das für mich ganz klar. Dann habe ich erst mal so für mich überlegt, was denn für mich wichtig ist. Ob es wichtig ist, daß ich ein Kind gebäre, das unsere Erbanlagen weiterträgt, oder ob es mir wichtig ist, mit einem Kind zu leben und ein Kind aufwachsen zu sehen. Ich habe mir Bücher gekauft über Adoption und habe mich so ganz langsam an das Thema rangetastet. Dann habe ich auch öfter mit Rainer darüber gesprochen, wie das wäre, wenn wir ein Kind adoptieren würden. Bei mir war der Entschluß schon bald gefaßt, aber bei Rainer hat das eine Weile gedauert. Er war sich so unsicher, das hat mich schon wieder ungeduldig gemacht. Das ist natürlich totaler Blödsinn, denn Rainer läßt sich überhaupt nicht drängen. Wir haben uns dann entschieden, daß jeder erst mal alleine verreist. So hatte jeder für sich Zeit, die Sache noch einmal zu überdenken. Kurz nachdem er wiederkam, bin ich dann weggefahren. Als ich zurückkam, hat er mich vom Flugplatz abgeholt und mir gesagt, er hätte einen Termin bei der Adoptionsstelle festgemacht.

Jetzt denke ich, daß es sehr gut war, daß der Entschluß allmählich herangereift ist. Jetzt freuen wir uns beide darauf.

Seitdem wir den Adoptionsantrag gestellt haben, ist es wie

eine Erlösung. Wir gehen jetzt ganz anders miteinander um. Es ist viel unkomplizierter, und wir können wieder mehr aufeinander zugehen. Ganz spontan, ohne an Eisprung oder Fieberkurven zu denken. Wir hoffen, daß mit der Adoption nichts schiefläuft. Wir sind sehr skeptisch, nach allen Erfahrungen, die wir gemacht haben. Wir wollen uns neue Enttäuschungen einfach nicht mehr zumuten. Bestimmte Sachen, die wir nicht möchten, geben wir jetzt auch deutlich zu verstehen. Vorher haben wir uns immer geduckt. Die Ärzte haben Anordnungen getroffen, und wir haben uns nicht mehr getraut, etwas dazu zu sagen. Wir haben mit einer eigenen Schwangerschaft abgeschlossen. Wenn es mal spontan klappen sollte, dann ist es in Ordnung. Aber das hat mit einem Adoptivkind nichts zu tun. Vom Gefühl her glaube ich, daß ich nicht mehr schwanger werde.

Meine Eltern sind von der Adoption begeistert. Ja, es ist nicht zu fassen, sie sind begeistert, daß wir eine Entscheidung getroffen haben. Denn meine Mutter hat schon mitbekommen, wie schlecht es mir ging in dieser Zeit, in der wir die Hormontherapie gemacht haben, und wie sehr ich darunter gelitten habe, kein Kind zu bekommen. Sie sieht sich jetzt schon wieder in der Rolle der Oma. Meine Neffen gehen schon eigene Wege. Sie freut sich und denkt, daß sie dann stundenlang mit dem Kind spazierengehen kann. Ich habe sie gefragt, wie das für sie ist, da es ja nicht unser Kind ist. Aber das findet sie ganz in Ordnung, das ist überhaupt kein Problem. Das hätte ich nicht gedacht. Sogar mein Vater, der seine Gefühle immer sehr zurückdrängt, rief mich Silvester an und sagte, daß er sich freut und es toll findet, daß wir ein Kind annehmen.

Ich bremse meine Mutter und mach' ihr klar, daß viele Sachen nicht so sein werden, wie sie sich das denkt. Für sie ist das beinahe so, als wenn sie selbst noch mal ein Kind bekommt. Sie versucht auch, Dinge wiedergutzumachen, die sie an uns falsch gemacht hat. Das sehe ich ganz deutlich an meinen kleinen Neffen, die ganz besonders das dürfen, was meine Schwester und ich niemals machen durften. Mit einer Ruhe und Selbstverständlichkeit sagt sie: Ich habe ja früher so viele Fehler gemacht, ich war so nervös, und jetzt probiere ich, das anders zu machen. Aber sie kann uns nicht um Verzeihung bitten. Meine Schwester und ich sind manchmal fassungslos. Wir erkennen unsere Mutter gar nicht wieder. Wir hätten sie gerne so gehabt. Sie bringt den Kindern viel Verständnis entgegen, wirkliches Verständnis. Wenn es nicht echt wäre, dann würden die Kinder das merken. Wir sind heute manchmal neidisch. Das tut richtig weh. Mit uns kann sie jetzt immer noch nicht locker umgehen, nur mit den Kindern. Zu uns ist sie im Grunde genommen immer noch sehr distanziert. Meine Neffen drückt und küßt und streichelt sie, uns nimmt sie nicht in den Arm. Zur Begrüßung kriegen wir einen Kuß, aber das ist so ein Ritual, das war schon immer so. Aber uns mal drücken, ich glaube, das traut sie sich auch nicht mehr. Sie würde das gerne mal machen, das spüre ich, aber sie traut sich nicht. Unter den jetzigen Umständen würde ich das auch nicht wollen. Da müßten erst ganz andere Sachen ablaufen, wir müßten erst offen miteinander reden. Sie würde mir auch nie etwas schenken, so als kleine Beweise von Zuneigung etwas mitbringen, höchstens mal zum Geburtstag, aber nie zwischendurch. Und die Kinder – die überschüttet sie mit Spielzeug. Aber mir würde sie nicht mal eine Tafel Schokolade mitbringen, also das ärgert mich schon sehr.

Ich werde es niemals so machen wie meine Schwester und ihr das Kind jeden Tag überlassen. Sie ist gleich wieder arbeiten gegangen, als das erste Kind da war. Das Gefühl, daß sie mir schon einmal ein Kind genommen hat, das ist immer noch da. Und manchmal habe ich das Gefühl, daß ich sie damit strafen könnte, wenn ich ihr das Kind entziehe, das ich mal haben werde. Das Adoptivkind wird mein Kind, und daran soll sie sich nicht erfreuen. Das Kind ist in erster Linie für mich und Rainer. Wenn das Kind selber zur Oma will, ist es in Ordnung, aber das ist dann auch etwas anderes.

Wenn mich jemand fragt, zum Beispiel in meiner Klasse:

Du bist schon 29 Jahre und hast noch keine Kinder, wie kommt das denn, dann sage ich: Ich kann keine Kinder bekommen, ich hätte gerne Kinder, wir haben es auch lange probiert, aber es klappt nicht. Und wir haben für uns jetzt einen anderen Weg gefunden. Dann gibt es aber auch Leute, die nachhaken und sagen: Mensch, das interessiert mich, warum kannst du keine Kinder bekommen, und wie ist das für dich? Es sind zwar wenige, aber das kommt schon vor, und da kann ich dann erzählen, wie schwer es für uns war.

Manchmal artet das aus, daß die Frauen, die Mitte zwanzig sind, auf einmal Panik kriegen, daß es ihnen genauso gehen könnte. Dann kommen auf einmal Ängste auf. Sie wollen probieren, ob sie überhaupt schwanger werden können, obwohl sie noch gar kein Kind haben wollen. Das ist dann die Angst, das könnte einen selber mal treffen. Und das kann ja auch jeden treffen.

Marianne, 35 Jahre, Sozialpädagogin

Nach dreijährigem Leiden unter der Kinderlosigkeit ist sie offen für neue Lebensperspektiven.

Wir haben vor dreieinhalb Jahren geheiratet, und es war für uns beide klar, daß wir Kinder haben wollten. Ich wollte vor der Heirat nicht auf Verhütungsmittel verzichten, habe das noch verschoben. Ich habe auch noch eine Rötelimpfung machen lassen. Es sollte alles perfekt sein. Ich bin davon ausgegangen, daß ich schwanger werde, sobald ich aufhöre, Verhütungsmittel zu nehmen. Erst wollte ich die ganzen Formalitäten hinter mich bringen, die Mittel absetzen und sehen, was kommt. Doch schon kurz nach der Heirat hatte ich auf einmal eine Stelle in Aussicht, da habe ich es wieder verschoben. Nach kurzer Zeit merkte ich, daß ich es mit der Arbeit nicht lange aushalten würde. Ich habe gedacht, es wäre die beste Lösung, wenn ich schwanger werden würde, dann hätte die Sache ein Ende. Deshalb habe ich mir die Spirale ziehen lassen. Für mich war klar, daß ich nach spätestens zwei Monaten schwanger wäre. Der Arzt hatte mich schon gewarnt, daß es nach so langer Verhütungszeit durchaus ein halbes Jahr dauern könne. Das hatte ich zwar im Hinterkopf, aber wir waren doch beide erstaunt, daß es nicht gleich klappte. Aber eigentlich waren wir ziemlich arglos. Dann zog sich das in die Länge.

Nach einem halben Jahr bin ich zum zweitenmal zum Arzt, weil ich doch wissen wollte, ob irgendwas nicht stimmte. Aber bis dahin war das noch keine Belastung. Es war einfach spannend, beide haben wir darauf gewartet, daß sich etwas tut. Wir konnten es mit Humor nehmen. Es war nicht weiter tragisch. Nach diesem halben Jahr fingen wir langsam an, uns Gedanken zu machen. Ich ging zum Arzt, das war ein sehr vorsichtiger Mensch, der hat mich immer noch vertröstet und hat gesagt, daß das durchaus normal sei. Ich solle mir Zeit lassen und mich nicht unter Druck setzen. Aber irgendwie fing das dann doch an, uns Druck zu machen. Und in jener Zeit gab es in unserer Beziehung Probleme, wir haben uns manchmal um jede Kleinigkeit gestritten. Obwohl wir im Grunde beide wußten, das kann es irgendwie nicht sein. Also so ganz typische Frühstücksszenen, wo wir wegen irgendeiner Lappalie in Streit gerieten. Das war der Anlaß, daß wir zusammen noch mal zu meiner früheren Therapeutin gingen. Und da stellte sich heraus, daß die Streitigkeiten schon etwas mit unserem Kinderwunsch zu tun hatten, daß wir beide damit nicht klarkamen, daß es nicht klappte, und einer dem anderen die Verantwortung in die Schuhe schob. Achim hat mir übelgenommen, daß es nicht lief, und ich bin mit meiner Verletzung darüber und diesem eigenen Schmerz auch nicht klargekommen, und das haben wir aneinander ausgelassen. Achim wollte sich nicht eingestehen, daß es ihm auch viel ausmachte, er wurde einfach aggressiv, zum Beispiel wegen der Hausarbeit. Ich hatte bis dahin wenig getan, weil mich meine Arbeit so anstrengte, daß ich abends nur noch auf dem Sofa liegen konnte. Er machte ziemlich viel in unserem Haushalt, das hat ihn unheimlich aufgebracht. Nachdem nun für uns beide klar war, daß uns dieser Kinderwunsch mehr belastet, als wir uns bis dahin eingestanden haben, fing es an, immer schwieriger zu werden. Wir haben überlegt, ist es ein günstiger Termin, könnte es denn heute klappen oder nicht. Es wurde nervenaufreibend.

Bei mir hat sich im Zyklus ein bestimmter Rhythmus bemerkbar gemacht. Die erste Phase war voll von Hoffnung, es könnte ja klappen. Ja, so die ersten zwei Wochen nach der Menstruation, die waren schön. Ich bin jemand, der sehr früh merkt, wenn er seine Tage kriegt, oft schon eine Woche vorher. Und spätestens zu dem Zeitpunkt ging dann meine Stimmung rapide runter. Ich habe es oft geschafft, mich über diese Anzeichen hinwegzutäuschen, und habe auch ein Ziehen in der Brust gemerkt. Ich war ja schon zweimal schwanger und wußte, wie sich das ankündigte. Ich merkte dann hundert

Sachen, wußte im Grunde aber, daß es doch nicht stimmte. Wenn ich dann meine Tage bekam, ging es runter mit der Stimmung, das war sehr belastend und hat uns beide ziemlich angestrengt.

Ich hatte gelernt, mich selbst zu untersuchen. Also habe ich mit meinem Spekulum schon Mitte des Zyklus geguckt, ob ich was sehen kann oder nicht. Ich wußte, wie sich der Schleim verändert, und habe alle zwei Tage wieder nachgeguckt. Jede schwangere Frau, jedes Kind, mit dem wir zu tun hatten oder das zu Besuch kam, war Anlaß, mich daran zu erinnern, daß es nicht klappte. Das war quälend, hat immer nur wieder neu aufgewühlt und neue Schmerzen verursacht.

Im gleichen Jahr, in dem ich mit der Gruppe anfing, kam die Frage der Adoption bei uns auf. Wir kamen aus dem Urlaub wieder und überlegten uns das. Die Wochen verstrichen und verstrichen, und es geschah nichts. Es war so ausgemacht, daß ich bei der Vermittlung anrufen sollte. Dann bekamen wir Streit deswegen. Schließlich hat mein Mann angerufen, weil ich merkte, ich konnte das nicht. Wir sind da hingegangen, und das war eine ziemlich traumatische Erfahrung. Ich dachte aber, du mußt was machen. Achim wollte das sehr, und ich fand, daß es ganz vernünftig und sinnvoll sei. Es war aber ganz gegen meine Gefühle.

In der Gruppe hatten wir zu dieser Zeit einmal die Aufgabe, eine Wohnung zu malen. Da stellte sich heraus, daß in meiner Wohnung gar kein Platz für das Kind war. Dieses Raumproblem, wie ich das so nenne, hat mich lange verfolgt. Ich hatte Schwierigkeiten, mir in meiner Phantasie vorzustellen, daß in der Wohnung, in der wir jetzt leben, auch noch ein Kind lebt. An banalen Dingen, wie der Einrichtung, hat sich die Frage festgemacht, wieviel von meinem Leben ich aufgeben oder einschränken will. Ich dachte, das Sofa, das könnte man verschieben oder da könnte man was machen oder so könnte das sein, das könnte irgendwie zu vereinbaren sein mit der jetzigen Einrichtung, mit den Proportionen, die die Räume haben. Komisch, es scheint für mich eine enorme Bedrohung gewesen zu sein, mir ein Kind in unserer Wohnung vorzustellen. Ich konnte dem Kind gar keinen Raum zugestehen, nicht nur in meiner Wohnung, in meinem Leben überhaupt. Das war eine sehr schmerzliche Einsicht, weil es ja dem, was ich über meinen Kopf formulierte, gar nicht entsprach.

Wir hatten schon alle Unterlagen für den Adoptionsantrag zusammen, die vielen Fragen beantwortet. Da wurde mir immer klarer, daß ich keine Adoption wollte. Da gab es auch gar keinen Streit. Achim konnte auch sagen, daß es schade sei und daß es ihm leid tue, aber daß wir schon beide dahinterstehen müßten, und dann haben wir abgesagt. Inzwischen kommt es für ihn nicht mehr in Frage.

Achim ist wohl nie so aus der Bahn geworfen worden wie ich durch diese Dinge. Diese Konfrontation mit dem biologischen Rhythmus, glaube ich, ist das, was soviel ausmacht für die Frauen, das ist bei den Männern doch anders. Also er hat bestimmt den Kinderwunsch nicht gehabt, um irgend etwas zu kompensieren. Ich glaube aber schon, daß dieser Kompensationswunsch bei mir da war.

Gerade in der Zeit, als ich noch gearbeitet habe und hoffte: Eines Tages bist du schwanger, und das rettet dich aus dieser Arbeitsstelle. Als ich später arbeitslos war, habe ich viel Zeit mit mir verbracht. Ich bin spazierengegangen, einfach für mich. Ich brauchte viel, ganz viel Zeit für mich und habe das auch sehr genossen. Ich kannte das schon aus meinem Leben. Alles, was wichtig war, hat immer viel Zeit gekostet. Ich bin sehr spät mit mir als Frau klargekommen. Es hat sehr lange gebraucht, um in unsere Beziehung hineinzuwachsen. Dann hat es auch noch mal eine Weile gedauert, bis aus der Liebesgeschichte eine Ehe geworden ist. Mit 32 Jahren heiraten wenige Leute. Die meisten kriegen ihre Kinder schon Mitte Zwanzig.

Wenn ich jetzt zurücksehe, wundert es mich nicht mehr, daß es nicht so von heute auf morgen mit einem Kind geklappt hat. Bei der Frage des Kinderwunsches spielt das Alter eine große Rolle, und das macht es so schwierig, auch bei uns. Heiraten, das ist egal, wann du das machst, das hat damit auch nichts zu tun, da spielt die Zeit keine Rolle, aber beim Kinderwunsch sehr wohl. Ich weiß auch nicht, wie das wäre, wenn ich mit Vierzig ein Kind bekäme. Auch wenn ich sehe, daß es geht und andere Frauen es auch erleben. Trotzdem, mein Wunsch wäre es doch gewesen, früher ein Kind zu haben. Nachdem es für mich feststand, daß ich keine Adoption wollte, hatte ich ein schlechtes Gewissen und auch Schuldgefühle, weil ich dachte, ich nehme Achim damit eine ganze Menge weg. Ich glaube, daß für mich eigentlich nach dieser Klärung der Adoptionsgeschichte erst der schwerste Teil der Arbeit angefangen hat.

Nachdem ich die Möglichkeit der Adoption für mich abgelehnt hatte, wurde auch die Intensität der Trauer und des Schmerzes stärker. Die Adoption ist ja auch ein Stück Ausweg, und der war dann nicht mehr da. Da gab es auch keine Hintertür mehr. Diese Adoptionsgeschichte war etwas, das wir gemeinsam gemacht haben. Danach war es wirklich mehr meine Sache, die ich mitteilen konnte, die aber zum größten Teil für mich allein ablief.

Ich hatte Phasen, in denen ich sauer war, daß Achim nicht ebenso litt wie ich. Das hatten wir in der Gruppe hundertmal, wie schwer es zu akzeptieren ist, daß jemand anders unter einer Situation, die einem selber soviel Schmerzen macht, nicht genauso leidet, daß der damit ganz anders umgehen kann. Und daß es ein ungeheurer Gewinn ist, wenn man das akzeptieren kann, aber es ist sehr, sehr schwer und braucht lange Zeit. Es gibt umgekehrt auch Situationen, wo ich weniger leide als er. Auch das muß ich sehen können. Ich glaube, daß spätestens dann dieses ganze kindliche Harmoniestreben, das man mitbringt in die Ehe, der Anspruch an Gemeinsamkeit und Übereinstimmung, daß der spätestens da platzt und man viel realistischer wird. Diesen Effekt hat es auch bei uns gegeben. Ich glaube, daß man eine vergleichbare andere Erfahrung machen würde in einer ähnlichen Extremsituation, zum Beispiel wenn ein Kind stirbt.

Als ich wußte, daß Adoption für mich nicht in Frage kam,

erlebte ich noch einmal eine ganz starke Wut und die Frage, warum das gerade mir passieren muß, und auch Gefühle von Neid und Eifersucht auf andere Frauen, die es eben nach meiner Meinung besser hatten, weil sie ein Kind hatten und es überhaupt nicht verdienten. Ich hatte auch diese Kompensationsgelüste, mit denen hatte ich richtig zu kämpfen, so wie die eine Frau aus der Gruppe erzählt hat, daß sie dann hingeht mit ihrem Scheckbuch und sich was kauft, wenn sie ihre Tage gekriegt hat. Den Gedanken kenne ich so gut: Wenn ich schon kein Kind kriege, dann will ich wenigstens dies und das haben.

Manchmal hätte ich alle Frauen prügeln können, die ein Kind haben, weil ich so sauer war. Ich dachte, die wissen das überhaupt nicht zu schätzen. Die haben keine Ahnung, was sie haben. Auf der anderen Seite das Gefühl: Ich bin hilflos, ich kann nichts tun, ich kann fünfmal in der Woche einen Hormonspiegel machen lassen, davon tut sich auch nichts. Ich habe diese Behandlung zum Teil gemacht, aber mehr, um mein Gewissen zu beruhigen. Nicht, weil ich dachte, wenn ich das tue, wenn jede Störung beseitigt ist, dann kriege ich ein Kind. Das habe ich nie so ganz geglaubt. Dieses Ausgeliefertsein, diese Trauer, nichts tun zu können, mein Schicksal nicht beeinflussen zu können, hat mich an den Rand der Verzweiflung getrieben.

Es taucht auch die Frage für mich auf, was ich als meine Aufgabe im Leben ansehe und was es mit meinem Schicksal mit einer möglichen Vorbestimmung auf sich hat und ob ich mich einer Religionsgemeinschaft zugehörig fühle. Ich habe mir auch vorstellen können, ein Kind, das ich vielleicht einmal haben würde, taufen zu lassen. Aus dem Gefühl heraus, daß es für mich wie ein Wunder wäre, ein Kind haben zu dürfen.

Ein Kind bekommen oder nicht, das ist etwas Gottgegebenes, von mir nicht beeinflußbar. Für mich ist das ganz schwer zu verstehen, weil ich eigentlich jemand bin, der immer für das, was er wirklich wollte, auch gekämpft hat und sich sehr eingesetzt hat, es dann aber auch bekommen hat. Ich habe fassungslos davorgestanden, daß da etwas ist, was nicht so ging, wie ich wollte. Ich konnte mich abstrampeln und tun oder lassen, was ich wollte, es lag außerhalb meiner Einflußmöglichkeiten. Das war auch ein ganz, ganz harter Brocken. Ich bin jemand, der Dinge in Angriff nimmt und sich sagt: So, jetzt machste aber.

Das scheint ja auch so normal in unserer Gesellschaft: Wenn man sich nur richtig einsetzt, dann erreicht man sein Ziel. Alles scheint möglich. Und ist es doch nicht. Da kann es ein Trost sein, wenn man glauben kann, daß man vielleicht eine andere Bestimmung hat. Etwas hat sich seitdem grundlegend in meinem Leben geändert. Es ist dieses mühsame Lernen, aber ich kann das inzwischen immer besser: Ich brauche nicht mehr immer alles zu planen, überlegen oder bestimmen und mir alles in einer bestimmten Art einzurichten. Früher habe ich mich vielleicht angestellt, wenn etwas nicht nach meinen Vorstellungen lief. Wenn wir irgendwas vorhatten und es kam was dazwischen, hatte ich sofort schlechte Laune, das konnte ich nicht ertragen. Man braucht aber diese Geduld und dieses Sich-wieder-neu-Einrichten. Das braucht man auch, wenn man ein Kind hat. Diese Entwicklung fing bei mir an, als ich mit den behinderten Kindern arbeitete. Da konntest du dir vornehmen, was du wolltest, kamst du dort an und die Stimmung war anders, mußtest du ganz woanders wieder anfangen. Das habe ich eigentlich dort ganz gut gelernt. Jeder Tag, ja fast jede Stunde war anders. Ich habe neben der Gruppenarbeit doch auch noch medizinische Untersuchungen machen lassen. Das erste Ergebnis war, daß zuviel Prolaktin bei mir festgestellt wurde. Es ist durchaus möglich, daß dadurch eine Schwangerschaft verhindert wird. Der Arzt schlug eine Hormonbehandlung vor. Ich bin darauf eingegangen, zwar mit großen Bedenken, aber daran sollte es nun nicht scheitern. Ich habe aber beide Medikamente, die es für diesen Fall gibt, nicht vertragen. Beim ersten war mir ständig übel, beim zweiten bekam ich im zweiten Zyklus eine Dauerblutung, die einfach nicht mehr aufhörte. Dann habe ich alles sein lassen, und ein halbes Jahr später stellte sich heraus, daß der erhöhte Prolaktinspiegel von selber verschwunden war. Meine neue Ärztin hat ganz abgeraten von Hormonen und mir zu der Überprüfung der Eileiter geraten. Weil die Frau mir nicht gefiel, habe ich dann noch mal gewechselt, und die neue Ärztin hat dann auch noch einmal eine Hormonanalyse gemacht. Da war nun zuwenig Progesteron, und sie riet mir dann zum Dynerik.

Erst habe ich es nicht genommen, eine ganze Weile nicht. Ich hatte richtige Widerstände. Als eine Frau aus der Gruppe, die Dynerik genommen hatte, schwanger wurde, habe ich es dann doch versucht. Ich habe es drei Monate lang genommen, und wir haben auch die nervige Sache wie nach dem Kalender miteinander ins Bett zu gehen auf uns genommen. Das hat mich schon im zweiten Zyklus total genervt. Ich war schon richtig aggressiv, wenn ich wußte, jetzt ist es wieder soweit. Damit kam Achim viel besser zurecht. Beim ersten Zyklus habe ich es noch mit Humor genommen, habe auch noch gespottet, jetzt gehen wir einen Helden zeugen. Beim zweiten Zyklus wurde ich widerborstig und habe mehr oder weniger halbherzig mitgemacht. Und im dritten Zyklus haben wir schon gar nicht mehr nach der vorgeschriebenen Zeit miteinander geschlafen, weil ich dazu überhaupt keine Lust mehr hatte, und das hat Achim auch angesteckt. Diese ganzen Temperaturkurven, die ich zeichnen sollte, die habe ich dann einfach nur noch so gemalt, da habe ich gemogelt. Mir hing das zum Halse heraus.

Ich habe mehrere Operationen wegen Verwachsungen hinter mir. Deshalb dachte ich, es könne ja rein theoretisch sein, daß sich die Eileiter am Darm oder an der Gebärmutter verklebt hätten, und sagte mir, bevor das mit 45 durch Zufall rauskommt, läßt du das noch mal überprüfen, und habe eine Lapraskopie machen lassen. Es stellte sich heraus, daß alles in Ordnung war und auch beide Eileiter durchlässig sind. Sie haben eine Zyste an einem Eierstock entfernt. Es war eine sogenannte Schokoladenzyste, also eine, die wahrscheinlich von selber wieder weggegangen wäre. Sie hatte keinen Einfluß auf meine Fruchtbarkeit. Ich weiß, daß ich schon mal eine hatte, und die ist auch von allein verschwunden. Dann haben sie gleichzeitig bei der Operation untersucht, wie weit das Sperma ansteigt, da kriegst du also das Sperma in die Scheide gespritzt, und bei der Operation gucken sie dann nach, wie weit das Sperma wandert. Das war alles ganz normal. Bevor sie mir das Sperma eingespritzt haben, wurde ein Spermiogramm von Achim gemacht. Die Werte waren an der unteren Grenze. Beim erstenmal war das Ergebnis ganz toll. Jetzt beim zweitenmal sagten sie mir, daß ich mich nicht beunruhigen sollte. Ich habe mich auch gar nicht darüber gewundert.

Unter den Umständen, wie Achim das da abgeben mußte, Mensch, auf dem Klo. Also wirklich, die hatten nicht mal eine Gelegenheit zum Hinsetzen, geschweige denn Hinlegen. Ich finde das unerhört. Wirklich, in dem Kloraum, da hat er einen Becher mitgekriegt und konnte da sein Sperma reingeben. Ich finde das echt ein Ding. Die machen doch auch dieses Retortenprogramm und haben viele Männer, die Sperma produzieren müssen. Ich verstehe nicht, daß es dafür keinen speziellen Raum gibt. Ich glaube, daß unter diesen Umständen eine Befruchtung gar nicht passieren kann. Das muß doch Auswirkungen haben.

Einen Tag vor der Operation haben wir noch mal darüber gesprochen, Achim und ich, als ich schon im Krankenhaus war. Wir haben noch unsere Witze gerissen, und dann sagte ich: Ich müßte eigentlich dem Arzt vorschlagen, ob er uns nicht für eine Stunde irgendwo ein Zimmer zur Verfügung stellen könnte, damit wir auf natürlichem Wege die Voraussetzung schaffen könnten. Das könnten sie dann genausogut kontrollieren. Daß die nicht selber auf solche Ideen kommen. Ich bin sicher, daß das genauso funktionieren würde. Dieses Vorgehen, die Gedankenlosigkeit und dieses mechanistische Denken. Ich meine, daß die Mediziner da auf dem Holzweg sind. Die Untersuchungen und die ganzen Hormonspiegelungen werden total überbewertet. Ich war schon zweimal schwanger, einmal auch von Achim. Also, Spermiogramme hin, Hormone her, irgendwann ging es mal. Das erste Mal war 1977 und das zweite Mal 1981. Beide Male habe ich abgetrieben. Wenn ich nicht schon zweimal schwanger gewesen wäre, hätte ich nie mit dieser Sicherheit damit gerechnet, wieder schwanger zu werden. Also, ich wußte, daß es geht; ich wäre nicht im Traum darauf gekommen, daß es bei mir Schwierigkeiten geben würde. Dann natürlich im nachhinein, nicht daß ich Schuldgefühle wegen der Abtreibungen entwickelt hätte, das nicht, ich wußte, daß ich in der damaligen Situation nicht anders handeln konnte. Aber die Trauer lebt noch mal neu auf, das ist einfach so. Ich hatte mal eine Chance, und die habe ich nicht wahrnehmen können, jetzt möchte ich gerne noch mal die Chance haben und bekomme sie nicht. Das ist traurig zu sehen. Die Ärztin, bei der ich jetzt bin, die hat es ähnlich gesehen und hat es auch angesprochen in unseren ersten Gesprächen. Das Gefühl, als ganze Person gesehen zu werden, das tut mir so gut. Ich habe mir viele Ärzte angeguckt. Ich konnte nicht mehr zu einem Mann gehen, obwohl mein damaliger Arzt lieb und nett war und sicher fachlich auch kompetent und auch nicht viel Medikamente verschrieb. Aber ich wollte einfach nicht mehr mit einem Mann zu tun haben in einer solchen Situation. Da ist so ein Stück Unverständnis, so wie ich das auch bei meinem Mann erlebt habe. Mir kam es auch komisch vor, mit einem Mann darüber zu sprechen. Ich wollte einfach mit einer Frau zu tun haben, die das nachfühlen kann. Die auch schon mal schwanger gewesen ist. Der Arzt hat das immer so locker dargestellt: Ja, so ist das eben, wenn man nicht will, dann wird man schwanger, und wenn man will, dann geht es nicht, das haben wir ganz oft. Solche Sachen! Ich dachte, der kann gut reden. Wie er mir immer geraten hat, das alles nicht verkrampft zu sehen, mich nicht unter Druck zu setzen. Ich dachte, der redet an mir vorbei. Er hat schon gesagt, daß es psychisch sein könnte, also nicht, daß der das nicht gesehen hätte, aber trotzdem fehlte mir was bei ihm.

Die Vermutung, daß etwas psychisch nicht in Ordnung sein könnte, hatte ich ja auch schon länger. Das war auch eine Motivation für mich, in die Gruppe zu gehen, das Gefühl, daß ich jetzt noch ein bißchen was an mir tun müßte, daß ich da etwas in Ordnung bringen müßte, und dann würde es schon laufen. Als sei nur was zu reparieren. Es war auch ein funktionalistisches Denken. Heute ist mir klar, daß es bei mir nicht irgendwelche Defekte sind, die eine Schwangerschaft verhindern. Ich kenne eine ganze Reihe Frauen, von denen ich denke: Mein Gott, was die mit ihren Kindern machen, also mit denen könnte ich mithalten; ich bin sicher, ich würde auch manches besser machen. Dieses Gefühl, daß an mir irgendwas nicht in Ordnung ist, das war mehr auf diesen innerpsychischen Bereich bezogen. Nicht so, daß ich dachte, ich bin keine intakte Frau. Nee, so habe ich das nicht empfunden, eher so, daß es mir wohl zur Zeit oder vielleicht für immer nicht gegeben ist. Es soll wohl nicht so sein, aber nicht, daß etwas an mir nicht in Ordnung ist.

Im Moment habe ich das Gefühl, daß wieder alles offen ist in meinem Leben. Es ist komisch, im Grunde hätte das vorher ja auch schon so sein können. Aber ich war so stark mit diesem Kinderwunsch verbunden, das füllte mich so aus, daß ich wirklich nicht offen war für viele andere Dinge. Vielleicht finde ich eine Arbeit, in die ich die Fähigkeiten einbringen kann, die mich auch zur Mutter geeignet machen würden. Da ist ja im pädagogischen Beruf zum Teil eine Übereinstimmung. Es kann durchaus sein, daß ich vielleicht eine andere Ausbildung mache. Ich weiß nicht genau, was, oder es kann auch sein, daß ich doch noch ein Kind bekomme, daß ich in einiger Zeit doch noch ein Kind adoptieren will, oder was weiß ich, was sonst noch so passiert.

Ja komisch, daß ich jetzt erst merke, wie sehr mich der Kinderwunsch eingeengt hat. In meiner Phantasie ist ein lichter, breiter Raum um mich: Ganz lange ist alles so ganz eng gewesen. Ich habe in den Ferien wieder viel mit Kindern zu tun gehabt, ich habe die drei Kinder meiner Schwester versorgt. Diese Kinder, besonders die beiden älteren Mädchen, mag ich sehr gern. Die haben mir da Dinge erzählt, ich bin immer noch ganz baff, wie diese Kinder ihr Leben, die Mutter und die Oma und das alles so sehen und wie genau die eigentlich Bescheid wissen, was da läuft. Die Kinder haben ein Wissen, das ist unglaublich. Ich habe gedacht, daß das kein Zufall ist, daß sie mir das erzählen, ich habe das Stück Offenheit, das es möglich macht, daß ich für solche Kinder, die ja eine Mutter haben, nicht eine Ersatzmutter bin, sondern jemand, der auf gleicher Ebene steht. Ich habe mit diesen Kindern bis nachts um ein Uhr dagesessen, und die haben erzählt und erzählt, und das war wie eine Offenbarung, und hinterher habe ich gedacht, Mensch, wenn ich jetzt selber Mutter wäre, wer weiß, ob mir das dann passiert wäre.

Nachinterview Marianne: Sie beginnt eine Weiterbildung.

Ich habe jetzt aufgehört, anderen Leuten gegenüber Worte zu gebrauchen wie »noch nicht« oder »wir wollen« oder so. Ich sage jetzt, wir wollten ein Kind, aber es ist nichts daraus geworden. Das ist ein Unterschied. Es zeigt, daß ich mich abgefunden habe. Es ist kein Thema mehr. Mein Mann ist inzwischen ganz froh, daß wir das mit der Adoption nicht gemacht haben. Er sieht auch die Vorteile. Manchmal glaube ich aber, daß seine Traurigkeit irgendwann doch noch hochkommt. Aber er spricht nicht davon. Für mich steht meine Arbeit im Moment im Mittelpunkt. Ich mache jetzt eine Fortbildung in Familienberatung und Familientherapie. Das ist für mich ein Anlaß, mich mit meiner Familie zu befassen und von daher noch einmal meine Kinderlosigkeit zu betrachten. Für mich sind Frausein und Muttersein nicht automatisch miteinander verbunden. Obwohl das zu mir zu passen scheint. Ich werde nämlich immer wieder gefragt, wie alt denn meine Kinder seien. Das passiert mir in der letzten Zeit öfter, daß Leute, die mich nicht kennen, denken, ich hätte Kinder. Ich habe ja sehr viele Geschwister, insgesamt sechs, und eine Schwester davon hat auch sehr viele Kinder, sieben Stück. Das ist die dritte Generation aus der mütterlichen Linie, wo es sieben Kinder gibt. Meine Mutter hatte sechs Geschwister, von denen allerdings drei gestorben sind. Wir waren sieben, und meine Schwester hat wieder sieben Kinder. Mein Vater kommt aus einer Familie mit zehn oder elf Kindern. Und meine anderen Geschwister haben drei, zwei und ein Kind. Bei meinem jüngeren Bruder, der ein Jahr nach mir geheiratet hat, ist das zweite unterwegs. Ich bin die Drittjüngste, und meine jüngere Schwester ist diejenige, die keine Kinder will, die auch nicht in einer festen Partnerschaft lebt. Es ist schon merkwürdig, daß gerade meine jüngere Schwester sich entschlossen hat, keine Kinder haben zu wollen. So, als wenn die Kinderfreudigkeit immer mehr abbröckelte in der Geschwisterreihe, besonders in der Schwesternreihe. Im Zusammenhang mit dieser Fortbildung ist mir aufgefallen, daß ich die Traumberufe von beiden Eltern ausübe. Meine Mutter wollte eigentlich immer Lehrerin werden. Aber die Familie war zu arm, und außerdem hätte das für sie auch Verzicht auf Ehe und Kinder bedeutet. Es gab für sie nur entweder diesen Berufswunsch oder die Entscheidung, Mutter zu sein. Für sie, denke ich, wäre so was, was ich jetzt mache, diese Schularbeitshilfen, Familienhilfen, genau das Richtige gewesen.

Auch für meinen Vater wäre es das Richtige gewesen. Besonders so ein abgeschlossenes Studium, eine Qualifikation mit Brief und Siegel. Als er damals in seinem Beruf nicht mehr arbeiten konnte, hat er eine stundenweise Arbeit angenommen, im sozialen Dienst katholischer Männer. Da hatte er eigentlich die Funktion eines Sozialarbeiters, ohne die Ausbildung zu haben. Damit hatte er große Schwierigkeiten. Ich habe im Grunde die Ausbildung, die ihm gefehlt hat, und mache auch eine ähnliche Arbeit. Da ist in meiner Person von beiden Eltern ein bißchen zusammengeflossen.

Mir ist auch eingefallen, daß mein Vater seinen Kolleginnen mit sehr viel Achtung gegenübergetreten ist. Er hat sich denen gegenüber bestimmt minderwertig gefühlt, weil er so eine große Familie hatte. Diese Fürsorgerinnen, wie sie damals hießen, die waren in der Regel nicht verheiratet. Ich habe manchmal mitgekriegt, wie er mit ihnen umging. Das war sehr stark von Respekt geprägt, als ob er auch gerne mehr von dem gehabt hätte, was die gehabt haben. So, als würde das in seinem Denken überhaupt nicht zusammenpassen, Kinder und Arbeit. Und meine Schwestern, die geheiratet haben und Kinder bekamen, haben auch alle aufgehört zu arbeiten, als sie schwanger waren.

Als ich drei war, habe ich ein Jahr, als meine Mutter wegen Krebs im Krankenhaus war, bei Verwandten gewohnt, die keine Kinder bekommen konnten und die mich eigentlich adoptieren wollten. Ich denke, daß mit Kindern früher anders umgegangen wurde. Ich glaube, daß die einfach so gedacht haben: Die haben so viele, und wir haben gar keine, dann können sie ruhig eines abgeben.

Früher wurden häufiger Kinder zu Verwandten gegeben, wo sie es oft besser hatten. Meist war es auch wirtschaftliche Not, die dazu führte. Aber meine Mutter hat das nicht zugelassen. Ich glaube, mein Vater war schon ein bißchen schwankend. Meine Tante, das war die Schwester meines Vaters, und mein Onkel, die haben Gefallen an mir gefunden, die mochten mich halt. Meine Mutter hat mir das dann später mal erzählt, daß das auch zu Auseinandersetzungen geführt hat. Die Tante war auch diejenige, die immer wieder kam, wenn meine Mutter ein Kind bekommen hatte, und die ihr geholfen hat in der ersten Zeit. Daß mein Vater mich einfach so weggeben wollte! Ich will da auch noch mal mit meinen Geschwistern drüber reden, denn die waren ja damals nun schon so groß, daß sie mehr mitbekommen haben. An sich hatte ich es bei diesen Verwandten sehr gut, und ich mag die auch sehr gern. Meine Tante lebt noch, und der Onkel war für mich überhaupt der Freund, ja der Onkel überhaupt, ich konnte mir eigentlich gar keinen besseren vorstellen. Nun, sicher wird in der Situation, als ich weggegeben wurde, das eine Jahr auch sehr schwierig für mich gewesen sein.

Meine Mutter lag im Krankenhaus, und ich kam weg, und alle anderen blieben da. Ich denke schon, daß da viel gewesen ist an Schuldgefühlen und Verunsicherungen und Trauer. Aber rückblickend habe ich das immer so erlebt, als wenn ich da noch was habe, so was wie einen Außenposten, der mir Sicherheit gab. Ich kriegte in meiner Familie von dem großen Kuchen meistens nicht so viel ab, weil ich auch nicht so hilfsbedürftig war, weil ich keine großen Probleme hatte, nicht viel krank war und alle diese Geschichten. Ich wußte aber, da habe ich noch etwas in petto. Ich glaube, daß mein Vater an seiner Familie hing und sich über mich eine gute Verbindung zu seiner Schwester erhoffte. Die lebt immer noch in dem Dorf, in dem die beiden geboren sind und auch der ganze Rest der Familie noch wohnt. Ich sprach auch seinen Dialekt nach dem Jahr, und das hat ihm schon sehr gut gefallen. Bei meinen ganzen Überlegungen habe ich immer das Gefühl, als könnte doch noch mal ein Stück vom Knoten gelöst werden. Nicht, daß ich hoffe, dann schwanger zu werden. Ich möchte, daß mir meine Geschichte klarer wird, was meine Aufgabe ist. Es geht für mich um diese Sinnfrage. Diese Frage ist für mich immer noch am allerwichtigsten. Die Kinderlosigkeit muß für mein Leben einen positiven Sinn haben. Wenn ich weiß, warum es so sein muß, dann ist das Leiden auch vorbei und der Schmerz vielleicht geringer.

Im Moment herrscht bei mir das Gefühl vor, da gibt es ganz viele Leute, jeder hat seinen Platz, und trotz aller Individualität gehören wir doch zu diesem großen Ganzen, zu dieser Familie, zu dieser Generation und zu diesem ganzen Gefüge. Früher fand ich das eine schreckliche Idee, nur ein Teil des Ganzen zu sein. Inzwischen kann ich sehen, daß das auch ein Trost ist, der bedeutet Aufgehobensein.

Ulrike, 40 Jahre, Pharmazeutin

Ihr Kinderwunsch bestand seit der Kindheit.
Erste Schwangerschaft mit vierzig Jahren.

Also, so lange, wie ich denken kann, wünsche ich mir Kinder. Das war für mich immer selbstverständlich. Das fand ich toll, viele Kinder zu haben, drei bis fünf sollten es schon sein. Mir ist es nicht gelungen, in meinem Leben die Bedingungen dafür zu schaffen. Aber es wurde alles auf Kinder angelegt. Das Studium sollte möglichst kurz sein und einen Zwischenabschluß haben, damit ich wegen einer möglichen Schwangerschaft jederzeit hätte aufhören können. Ich habe vor dem Studium zwei Jahre lang ein Praktikum gemacht, und danach hatte ich praktisch schon einen Beruf. Ich war dann eine sogenannte Vorexaminierte und konnte schon weitgehend selbständig in Apotheken arbeiten. In diesem Beruf kann man auch stundenweise oder halbtags arbeiten, das wäre für eine Mutterschaft sehr günstig gewesen. Das ganze Studium, die Berufswahl waren daraufhin ausgerichtet.

Ich habe Druck von meinem Vater bekommen, er hat sich das ausgedacht. Es war ja auch nicht schlecht, nichts Unangenehmes für mich. Ich habe das akzeptiert. Er hat mir einfach eine Lehrstelle besorgt, so daß ich nicht mehr nein sagen konnte. Er wollte am liebsten, daß ich Volksschullehrerin werden würde, das fand er noch idealer für mich. Das wären damals nur drei Jahre Ausbildung gewesen, und dann hätte ich immer den ganzen Nachmittag frei gehabt, um die Kinder zu betreuen. Dagegen habe ich mich aber mit Händen und Füßen gewehrt. Das wollte ich auf keinen Fall. Es sollte was Wissenschaftliches sein. Ich hätte furchtbar gern Geschichte und Deutsch studiert, das haben sie mir dann so lange ausgeredet, bis ich eingesehen habe, daß es keinen Sinn hat, etwas dagegen zu sagen.

Ich habe noch zwei jüngere Schwestern, die durften dann studieren, was sie wollten. Es war bei uns eine gängige Rede: Du heiratest ja sowieso und kriegst Kinder, darum lohnt sich auch kein langes Studium wie Geschichte und Germanistik. Als ich dann das Staatsexamen hatte, war aber nichts mit Heiraten und Kinderkriegen, weil der entsprechende Partner fehlte. Ich habe dann promoviert und in dieser Zeit meinen Mann kennengelernt. Uns war immer klar, daß wir Kinder wollten, sobald ich fertig bin mit der Promotion. Wir haben es dann ungefähr eineinhalb Jahre versucht, aber es klappte nicht.

Das fiel in die Zeit, in der ich mit meinem Mann eine Gruppentherapie gemacht habe. Die haben einem die Kinder immer ausgeredet, für die war das ganz verpönt. Ich hatte ja dann mittlerweile eine Assistenz-Professorenstelle an der Uni angenommen. Für die Leute war das ganz einfach zu interpretieren. Ich wollte nur ein Kind, damit ich mich nicht habilitieren mußte. Ich tue ihnen vielleicht ein bißchen unrecht mit der harten Formulierung, aber es ging schon in diese Richtung. Wenn ich sagte: Ich möchte gerne ein Kind, dann wurde gleich nachgefragt: Wovor willst du dich denn drücken, oder welche Aufgaben stehen konkret an? Bevor ich in die Gruppe kam, hatte ich überhaupt kein Problem mit meiner Frauenrolle. Das Kinderkriegen war so eine Sache, die ich schon immer gewollt hatte und die meine Eltern wollten und die mein Mann auch wollte. Das gehörte eben dazu, wenn man promoviert hatte, spätestens dann kriegte man seine Kinder. Das war schon so geplant. Das habe ich nicht noch mal hinterfragt. Ob das irgendwas mit Frausein zu tun hatte, die Frage habe ich überhaupt nicht gestellt. Auf die Idee wäre ich gar nicht gekommen. Ich habe unter der Kinderlosigkeit nicht wirklich gelitten, weil die Beziehung zu meinem Mann schon ziemlich schlecht war, und das stand im Vordergrund. Wir haben einen permanenten Kleinkrieg geführt, das hat alle Kräfte aufgezehrt. Dann kam auch noch die Promotion dazu, die sehr viel Kraft gekostet hat, so daß der Kinderwunsch im Hintergrund stand. Als ich dann nach der Promotion ein bißchen mehr Zeit hatte, da bin ich eigentlich noch nicht so auf die Idee gekommen, nach psychischen Ursachen zu suchen. Ich bin in die Kinderwunschsprechstunde gegangen und habe mich dort untersuchen lassen. Ich habe die Ursachen damals im organischen Bereich gesucht.

Ich fühlte mich von meinem Mann gedrängt, daß mein Nicht-schwanger-Werden irgendwas mit meinem Frausein zu tun haben sollte. Er schob mich in die Ecke, daß mit mir etwas nicht stimmt. Das hat mich sehr verunsichert, und ich habe auch gleichzeitig geahnt, daß da was dran ist.

Wenn ich Bilder von früher angucke, da war ich ganz eckig, hatte ein ganz eckiges Gesicht und ganz kurze Haare. Darauf legte mein Vater großen Wert. Ich habe die Haare im Laufe der Therapie und meiner Entwicklung dann wachsen lassen. Das wurde von meinen Eltern sehr kritisiert, besonders von meinem Vater. Es hat mich sehr verletzt, daß er das nicht akzeptieren konnte. Das war ein ganz neuralgischer Punkt. Es ist mir noch sehr plastisch in Erinnerung, daß meine Mutter sich weigerte, ein Bild von mir aufzuhängen, weil ich da lange Haare drauf hatte. Überall im Haus hängte sie Bilder von meinen Schwestern und mir auf. Als ich die langen Haare hatte, war es vorbei, da wollte sie meine Bilder nicht mehr haben. Meine beiden Schwestern hatten auch immer kurze Haare. Ich wollte früher gern ein Junge sein, und mein Vater hat sich wohl auch einen Sohn gewünscht. Ich dachte: Du siehst dich eben nicht als Frau, nicht als vollständige Frau, und darum wirst du nicht schwanger. Ja, so wurde es interpretiert, und es traf mich, weil es irgendwo auch gestimmt hat. Mein Mann sagte, und die Gruppe hat es bestätigt, ich sei so hart, ich wolle die wissenschaftliche Karriere, ich sei die ehrgeizige Intellektuelle, und die ganzen weichen, fraulichen Eigenschaften würden fehlen oder seien zuwenig ausgebildet.

Nach der Trennung von meinem Mann habe ich ein Stück Pubertät nachgeholt. Im Laufe der Jahre gab es auch große Veränderungen in punkto Beziehung zu Männern. Ich bin sehr viel freizügiger geworden. Ich habe mich sehr verändert und bin sehr glücklich darüber, aber stolz bin ich nicht. Das gönne ich mir vielleicht auch nicht, stolz zu sein. Weil ich denke, so richtig ist es ja nicht mein Verdienst, ich habe mir das nicht richtig erarbeitet, und dann kann ich nicht stolz sein. Ich bin nicht sehr oft richtig glücklich gewesen in meinem Leben. Das erste Mal so richtig glücklich war ich, als ich Jochen kennenlernte. In der Zeit nach der Trennung ging es mir schon sehr gut, da war ich schon viel lebenslustiger als früher. Aber seit der Zeit mit Jochen bin ich irgendwie runder, ausgeglichener und sicherer, und ich konnte alles mehr genießen.

Das Problem war aber, daß Jochen keine Kinder haben wollte. Ich habe mich lange damit herumgeplagt und immer hin und her überlegt: Soll ich mich wieder trennen und mir einen Familienvater suchen, oder ist die gute Beziehung wichtiger für mich? Wir haben immer wieder darüber geredet. Es hieß dann immer am Ende, vielleicht können wir uns noch gegenseitig überzeugen und jeweils den anderen umstimmen. Für mich war es inzwischen sicher, daß ich mit ihm zusammenbleiben wollte. Ich dachte, was gibt mir das, wenn ich einen Mann finde, der Kinder will, und ich versteh' mich nicht mit ihm. Ich dachte, vielleicht kann ich mich ja auch drauf einstellen. Wenn ich das jetzt bedenke, war das fast schon eine Entscheidung gegen Kinder. So ganz glücklich war ich aber damit nicht. Mir ging das alles immer im Kopf herum.

Dann mußte Jochen für ein Jahr in die USA gehen. Als ich ihn zum ersten Mal drüben besuchte, sagte er mir, er sei einverstanden mit einem Kind. Er hätte sich überlegt, daß das ein so wesentlicher Wunsch von mir sei, so existentiell, daß er sich nicht mehr dagegenstellen wolle. Ihm sei es nicht so wichtig, und vielleicht sei es auch nicht so schlimm mit Kind. Ich kann also nicht sagen, daß er begeistert war. Er war um meine Zufriedenheit bemüht, ein Kind würde er hinnehmen. Ich war überrascht, daß er einverstanden war, aber auch nicht so ganz zufrieden damit. Ich hätte gewollt, daß er ganz begeistert ist und nicht nur Rücksicht auf mich nimmt.

Als er vor zwei Jahren zurückkam, sind wir das gezielt angegangen. Aber es klappte nicht. Inzwischen fing es langsam an, immer drängender zu werden, denn ich war mittlerweile schon 32. Durch den Zeitdruck habe ich gedacht, ich muß unbedingt irgendwas machen lassen. Ich ließ den Hormonspiegel bestimmen. Jochen sollte sich auch untersuchen lassen, und er hat sofort zugestimmt. Das war eine sehr angenehme Überraschung, denn mein erster Mann wollte kein Spermiogramm machen lassen.

Der Arzt sagte, er wisse nicht, ob ich überhaupt einen Eisprung hätte, und schlug mir Dynerik vor. Ich war im Grunde immer der Überzeugung, daß diese Schwierigkeit, schwanger zu werden, bestimmt irgendwelche psychischen Ursachen hatte. In erster Linie habe ich gedacht, es liegt an mir, aber ein bißchen habe ich auch Jochen die Schuld gegeben, weil er dem Kinderwunsch so ambivalent gegenüberstand. Er hat alles mitgemacht, aber ich habe trotzdem gedacht, wenn er in Wirklichkeit doch nicht will, setzt sich das durch. So ein mechanischer Akt, das kann gar nicht gehen.

Als ich nicht schwanger wurde, habe ich gedacht: So, aha, da ist es wieder. Gerade das, was für mich das Frausein letzten Endes verkörpert, fehlt. Diese Mütterlichkeit, daß ich die nicht ausreichend habe: für jemanden dasein, sich aufopfern oder sich aufgeben. Es schien mir eine Bestätigung dafür zu sein, daß ich mich im Kern doch nicht verändert hatte. Mir war zwar nichts bewußt, aber ich dachte wohl: Vielleicht ist da doch noch irgendwas, was nicht okay ist, daß ich nicht erotisch genug bin oder nicht sexy genug, oder daß ich den Orgasmus nicht intensiv genug erlebe. Dieser ganze Komplex wurde dadurch, daß ich auch von Jochen nicht schwanger wurde, wieder sehr lebendig. Mit ihm konnte ich darüber überhaupt nicht sprechen, der wußte gar nicht, wovon ich rede, ganz im Gegensatz zu meinem Mann damals, der mir das ein bißchen eingeredet hatte. Jochen meinte, ich solle mir nicht so viele Gedanken machen. Er sieht darin gar kein Problem.

Ich hatte niemanden, mit dem ich darüber hätte reden können, und habe mir deshalb die Gruppe gesucht. Ich habe mich auch nicht getraut, erst mal mit Freundinnen oder Bekannten darüber zu sprechen, weil mir alles so schrecklich peinlich war. Besonders schlimm war das Gefühl, nicht vollwertig zu sein. Ich dachte, es ist was ganz Schlimmes mit mir nicht in Ordnung, davon war ich fest überzeugt. Es war dann in der Gruppe sehr erleichternd, daß ich andere Frauen erlebt habe, denen es genauso ging. Die wurden auch nicht schwanger und waren für mich trotzdem weiblich und mütterlich. Ja, das hat mir schon sehr gutgetan in der Gruppe. Ich habe mich da zum ersten Mal geöffnet. Da ist ein richtiger Prozeß in Gang gekommen. Ich habe, das war für mich ein ganz entscheidender Schritt, das Buch »Psychosomatik der sterilen Ehe« gekauft. Ich hatte Angst, es zu kaufen, weil ich dachte, jetzt ist in unserer Beziehung auch was nicht in Ordnung. Vielleicht bin ich gar nicht so glücklich und zufrieden, wie ich immer denke. Wer weiß, was ich mir vormache oder was ich mir da aufgebaut habe. Dann habe ich mir gesagt: Setz dich jetzt mal damit auseinander, es hilft ja alles nichts. Ganz wichtig fand ich, daß in dem Buch stand, wenn der Körper keine Schwangerschaft wolle, müsse man das akzeptieren. Das habe ich dabei kapiert. Ja, das fand ich richtig. Zu dieser Zeit hatte ich beruflichen Erfolg, so daß ich gleichzeitig dachte: Na gut, wenn ich nicht schwanger werde, dann akzeptiere ich das, dann muß ich mich eben doch wieder auf andere Dinge konzentrieren. Zu diesem Zeitpunkt war ich, glaube ich, schon schwanger oder bin es dann geworden, das war ein ganz enger zeitlicher Zusammenhang.

Ich habe es erst nicht geglaubt, daß ich schwanger bin. Zumal mir gerade eine Freundin erzählt hatte, daß sie fünfzig Tage ihre Periode nicht bekommen hatte. Ich habe gedacht, na gut, fünfzig Tage wartest du ab. Wir hatten auch gar nicht soviel zusammen geschlafen, das heißt an den Tagen schon, an denen es angesagt war. Aber sonst ist nicht viel gewesen. Ich habe gedacht, das kann ja nicht sein, daß wir das ausgerechnet so getroffen haben, das ist ja unwahrscheinlich. Dann habe ich mir erst mal eine neue Hose gekauft. Ich habe gedacht, ich will mich nur nicht darauf einstellen, es nicht so an mich ranlassen. Ich habe auch keinen Schwangerschaftstest gemacht. Ich habe gedacht, wenn ich dem weiter nachgehe, dann ist es bestimmt nicht wahr, dann beschwöre ich es nur herauf, daß es nicht wahr ist.

Ich habe es erst mal für mich behalten. So was kann ich ganz gut. Ich habe früher alles mit mir allein abgemacht, das war mir nicht schwierig. Ich bin dann öfter als normal auf die Toilette gegangen, um zu gucken, ob sich was tut, aber es war immer nichts. Rückenschmerzen oder Ziehen im Bauch, wie wenn man seine Periode bekommt, waren nicht da, obwohl ich darauf gelauert habe. Als ich dann acht Tage später meine Periode nicht hatte, habe ich es Jochen gesagt, daß das jetzt so der Stand der Dinge sei. Jochen fand es ganz toll. Ich mußte so lachen und sagte: Das meinst du doch nicht wirklich. Doch, er freue sich für mich, das sei ja so wichtig für mich.

Es gibt viele Bücher über Schwangerschaft, und ich wollte mir auch eines kaufen. Dann habe ich wieder gedacht: Du kaufst dir das nicht eher, bevor du nicht wenigstens beim Arzt gewesen bist. Aber dann habe ich es doch nicht mehr ausgehalten.

Am Tag vor dem Termin beim Arzt habe ich mir dann doch ein Schwangerschaftsbuch gekauft. Ich habe aber gesagt: Wenn ich nicht schwanger bin, dann gebe ich es sofort zurück. Das war auch so komisch, in dem Moment, wo ich wußte, daß ich schwanger bin, habe ich mich für die Bücher nicht mehr interessiert. Gut, ich habe sie mal kurz durchgelesen, die wichtigsten Sachen wußte ich ja schon. Dann war das für mich erledigt.

Ich bin erst zum Arzt gegangen, als er es schon tasten konnte, trotzdem habe ich es noch nicht so richtig geglaubt. Zu Hause haben wir eine Flasche Wein getrunken, und Jochen sagte dann: Nun können wir überlegen, wann wir heiraten sollten. Dazu hat er sich verpflichtet gefühlt. Bis dahin wollte er eigentlich nie so recht heiraten. Ich hätte ganz gern schon früher geheiratet, aber er sah keinen Grund, das mußte ja nicht sein. Rückblickend war das Heiraten für mich eine wichtige Sache, dadurch sind wir eine Familie, ob mit Kind oder ohne, das ist egal, aber verheiratet ist eben mehr ein Familiengefühl als unverheiratet. Mit Familie verknüpft sich Geborgenheit und Zusammengehörigkeit. Ich habe mich gefreut, daß er jetzt diesen Schritt machen wollte.

Als ich zum zweitenmal beim Arzt war, da fand ich es schon wahrscheinlicher, daß ich schwanger war. Da war noch die Enttäuschung, daß er eine Ultraschalluntersuchung machen wollte, und ich sollte mit voller Blase kommen. Aber sie war nicht voll genug, und darum war auf dem Gerät nichts zu sehen. Er hat mich aber untersucht und sagte, die Plazenta sei gewachsen. So richtig geglaubt habe ich es erst, als ich die Herztöne hörte. Das fand ich wirklich sehr eindrucksvoll. Ich habe die Mitteilung so tröpfchenweise unter die Leute gestreut. Ich habe das sehr genossen, und es wissen auch bis heute noch nicht alle. Ich will das so richtig auskosten. Die Reaktion der Leute ist für mich eine unheimliche Bestätigung. Die tollste Bestätigung kam von meiner Assistentin. Die arbeitet nicht mehr bei uns, aber der Klatsch hat es bis in eine andere Stadt getragen. Sie rief mich an und war ganz begeistert und sagte, sie hätte das Gefühl, daß das genau das sei, was mir noch gefehlt habe, das würde mich so richtig abrunden. Und ein bißchen finde ich das auch, muß ich sagen. Auch daß wir nun noch geheiratet haben, fanden alle sehr schön. Durch diese Reaktionen hatte ich auch das Gefühl, ich habe es offensichtlich doch richtig gemacht. Ich mußte nicht gegen eine Mauer von anderen Meinungen ankämpfen. Damals, als ich zum ersten Mal geheiratet habe, waren alle so besorgt, und das war auch berechtigt.

Ich fühle mich jetzt sehr wohl und völlig eins mit mir in der Schwangerschaft. Wie das nachher wirklich mit dem Kind sein wird, das weiß ich nicht. Ich stell' mir das schon komplizierter vor. Ich kann mir auch gar nicht vorstellen, daß das aus meinem Bauch jemals rauskommen soll, da habe ich schon Angst davor. Daß ich das Kind in den Arm nehmen kann, kann ich mir auch nicht vorstellen, aber die Schwangerschaft genieße ich sehr. Ich habe sie wirklich sehr ersehnt, und ich hätte nie gedacht, daß es so schön ist. Viele haben mich gewarnt und gesagt: Dann ist dir öfter schlecht, und dann mußt du brechen, bist müde und kriegst Kreuzschmerzen. Aber das hatte ich alles nicht. Und jetzt, wenn sich das Kind bewegt, finde ich es wirklich unheimlich schön. Ich denke auch, daß es sich sehr wohl fühlt, wenn es da rumplanscht. Ich denke mir das so, ich weiß nicht, ob das stimmt.

Wir waren an den Feiertagen bei meinen Eltern und haben ihnen gesagt, daß wir ein Baby bekommen. Sie haben sich schon sehr gefreut auf einen Enkel, das ist ihr sehnlichster Wunsch. Bisher haben sie noch keinen. Aber die Umstände sind nicht so, wie sie sie sich wünschen. Wir waren noch nicht verheiratet, und sie wußten auch nicht, daß wir das vorhatten. Das haben wir erst mal ganz außen vor gelassen. Bei uns zu Hause ist es leider so, daß die Luft immer geschwängert ist mit unausgesprochenen Fragen und Vorwürfen. Das war immer schon so, und das ist auch so geblieben. Sie würden nie sagen: Wir machen uns Sorgen, oder wir hätten das gerne so oder so. Statt dessen haben sie dauernd an Jochen herumkritisiert. Meine Schwester hat ein Fest gegeben und die ganze Familie eingeladen. Da hat Jochen nicht richtig getanzt, und dann war dies und das. Das fand ich ganz unmöglich. Als ich ankam und mein Vater noch gar nicht wußte, was los war, sagte er: Na, du siehst ja gut aus, dir geht es wohl blendend. Es war ihm schon aufgefallen, aber daß er das mal in Zusammenhang mit Jochen bringt, daß er ja letzten Endes daran beteiligt ist, daß es mir so gutgeht, das sieht er nicht. Das verletzt mich sehr. Jochen ist eigentlich ein sehr geduldiger, toleranter Mensch, aber selbst ihm war es zuviel. Daran sehe ich auch, wie schlimm das für ihn gewesen sein muß.

Als wir geheiratet haben, wollten wir es so einrichten, wie es uns gefällt, wie wir das genießen können, und nicht so, wie es irgend jemand erwartet. Und das haben wir auch gemacht, ohne meine Eltern, nur mit Trauzeugen. Mich hat das aber noch die ganze Zeit so gewurmt, diese Tage zu Hause. Ich dachte: Nun bist du das zweite Mal verheiratet, du kriegst ein Kind, du übernimmst Verantwortung für die Familie, du bist vierzig Jahre alt, es wird wirklich Zeit, daß die mal akzeptieren, daß ich ein erwachsener, selbständiger Mensch bin. Ich habe mich hingesetzt und ihnen das noch mal geschrieben. Das hat mir sehr gutgetan. Ich hatte vorher auch ein Gespräch mit meinen Schwestern, und die haben mich unterstützt. Mein Brief muß eingeschlagen haben wie eine Bombe. Aber meine Eltern haben sich mir gegenüber nicht geäußert. Sie haben nicht gesagt: Du, dein Brief hat uns aber erschüttert, wir wußten gar nichts damit anzufangen, laß uns mal ein bißchen Zeit, wir müssen mal darüber reden. Das hätten sie ja sagen können, aber nein, da kommt wieder dieses Schweigen. Den Schwestern haben sie den Brief gezeigt, und mein Vater hat auch Passagen unterstrichen. Er ist da ganz oberlehrerhaft. Dies und das versteht er nicht, und was ich damit meine, hat er meine Schwester gefragt.

Ich glaube schon, daß sie sich über meine Schwangerschaft gefreut haben, aber, wie immer bei uns zu Hause, wurde das dann durch viele Wenn und Aber erstickt. Und ein bißchen habe ich das selbst auch noch getan. Ich denke dann: Das kann doch gar nicht wahr sein, so viel Glück, es ist alles so schön, bestimmt kommt das dicke Ende dann bei der Geburt, daß dann vielleicht etwas schiefgeht. Jochen hat eine ganz andere Einstellung. Für ihn ist es eigentlich selbstverständlich, daß immer alles glattgeht. Wenn mal was nicht klappt, ist er ganz erstaunt. Aber dann ist für ihn immer noch Zeit, sich damit auseinanderzusetzen. Ich finde diese Einstellung sehr schön. Das ist für mich jetzt ein ganz wichtiges Gefühl, erwachsen zu sein. Bisher war ich immer noch ein bißchen Student oder schwebte so dazwischen. Mir ist inzwischen auch klargeworden, daß das keine Leistung ist, ein Kind zu produzieren, sondern daß es eigentlich ein Geschenk ist. Ich hatte immer so das Gefühl, zu versagen, als Frau zu versagen, etwas Wichtiges nicht zu leisten, nicht mal die Empfängnis, geschweige denn das Austragen eines Kindes. Ich habe gedacht: Wenn ich doch wenigstens mal schwanger würde. Ja, wenn die anderen in der Gruppe von ihren Fehlgeburten erzählten, dann dachte ich: Ihr wart doch wenigstens schon mal schwanger. Die hatten schon etwas. Ich habe dann festgestellt, meine Güte, man kann ja gar nichts dazu tun, es ist keine Leistung, sondern es ist einfach Glück oder ein Geschenk. Wenn es klappt, dann kann man froh sein. Die Kinderlosigkeit kann einen verfolgen bis ins hohe Alter, wenn ich keine Kinder bekomme, kann ich auch keine Enkel haben. Ich werde dann auch keine Familie haben im Alter, und das ist sehr traurig. Ich hatte mich nicht damit abgefunden, aber mich darauf eingestellt, daß es so sein könnte. Mir war auch ganz klar, daß ich eine Schwangerschaft durch diese ganzen Retortengeschichten und künstliche Insemination nicht erzwingen wollte. Das hat schon ein bißchen was Perverses, das ganze Getue. Das ist nicht sinnvoll. Ich hatte mich entschlossen, Dynerik zu nehmen. Ich habe es ein halbes Jahr geschluckt, immer vom fünften bis zum neunten Tag am Anfang des Zyklus. Das war keine große Belastung. Ich habe eingesehen, daß es sinnvoll sein könnte, denn ich hatte einen sehr kurzen Zyklus. Dabei hatte ich keine Bedenken. Die Erfolgsrate ist zwar nicht hoch, aber ich wollte es versuchen. Ich hatte auch keine Beschwerden, als ich die Pillen nahm. Ich nehme eigentlich keine Tabletten, aber wenn ich einmal was nehme, dann überlege ich es mir vorher genau, warum und wieso. Wenn ich der Überzeugung bin, daß es gut ist für mich, dann vertrage ich es auch.

Inzwischen habe ich eine Amniozentese machen lassen. Das ist eine Fruchtwasseruntersuchung, wo Mißbildungen beim Embryo festgestellt werden können. Es werden Hautzellen vom Embryo untersucht. Dabei kann es zu Fehlgeburten kommen. Denn bei der Untersuchung wird Fruchtwasser entnommen, so zwanzig Milliliter, das ist ganz schön viel. Das bildet sich zwar innerhalb einer halben Stunde nach, aber der Arzt meinte, alle Fehlgeburten, die danach innerhalb einer Woche passieren, werden auf diese Fruchtwasserentnahme zurückgeführt. Es wird eine Zellkultur angelegt, und die Chromosomen werden ausgezählt. Einige Tage danach kann man telefonisch das Ergebnis erfragen. Wir waren zu der Zeit verreist, und ich habe von unterwegs angerufen. Die Frau sagte, das Kind sei normal. Ich habe gedacht: Das kann doch nicht alles sein, was heißt das denn nun. Ich war ganz verunsichert, ich hätte gern noch mehr gewußt oder irgendwie eine Anteilnahme gespürt. Herzlichen Glückwunsch könnte sie sagen oder irgendwas. Aber nur, das Kind sei normal, das war so nüchtern. Ich war richtig schockiert. Dann habe ich noch nach dem Geschlecht gefragt, und sie hat mir gesagt, daß es ein Junge wird. Dann habe ich aufgelegt und erst mal jämmerlich geheult. Offensichtlich war die Anspannung doch sehr groß gewesen. In irgendeiner Ecke meines Hinterkopfes habe ich gedacht, wenn es nicht gesund ist oder eine Fehlgeburt wird, die paar Monate Schwangerschaft haben sich eigentlich schon gelohnt. Dann probieren wir es halt noch einmal. Es wäre bestimmt sehr schlimm gewesen, wenn etwas passiert wäre, aber ich habe gedacht, allein schon dafür, daß es bis dahin so schön war, hat es sich gelohnt. Ich war mir sicher, daß es dann noch mal klappen würde.

Nach dem Anruf habe ich es immer noch nicht hundertprozentig geglaubt, daß das Kind gesund ist und ich es auch weitertragen kann. Als wir von der Reise nach Hause kamen, lag noch nichts Schriftliches vor. Da dachte ich, wenn es ein schlechtes Ergebnis gewesen wäre, dann hätten sie bestimmt noch mal versucht, mich schriftlich zu benachrichtigen. Ich bin zu meinem behandelnden Arzt gegangen, der hatte das Ergebnis schon bekommen. Da bekam ich noch mal Angst, aber ich wollte es schwarz auf weiß sehen. Da stand auch wieder nur ein einziger Satz. Die Untersuchung zeigte 46 XY-Chromosomen, also einen normalen Chromosomenwert. Also, das find' ich immer noch ganz erschütternd. Dabei ist mir diese riesige Diskrepanz klargeworden zwischen dem, was es mir bedeutet, und dem nüchternen, wissenschaftlichen Untersuchungsergebnis. Das finde ich immer noch wahnsinnig. Das ist auch so was, was Jochen nicht so nachempfinden kann. Überhaupt, daß ich da so aufgeregt war, konnte er nicht verstehen. Die Gefahr ist nicht sehr groß, das ist alles richtig, aber trotzdem habe ich mir Sorgen gemacht.

Jochen kann sich das immer noch nicht so recht vorstellen, Vater zu werden. Er sieht nach wie vor die Nachteile, die er schon immer gesehen hat und die ihn auch davon abgehalten haben, ein Kind zu wollen. Dieses Angebundensein kann er in düsteren Farben schildern. So langsam stellt er sich trotzdem darauf ein, aber es ist ihm sehr unheimlich. Wenn ich sage: Nun fühl' doch mal, es bewegt sich schon, wenn ich seine Hand auf meinen Bauch lege und frage, ob er es schon spüren kann, dann sagt er, nein, überhaupt nicht. Er hat Sorge, er würde dem Kind den Kopf eindrücken. Also das ist schon typisch. Er ist nicht so um mich besorgt, mehr um das Kind. Seine Ambivalenz zeigt sich auch darin, daß er sich weigert, einen Namen zu überlegen. Bevor wir das Geschlecht des Kindes wußten, hat er sich gänzlich geweigert, darüber nachzudenken. Dann kam auch noch hinzu, daß er ein Mädchen wollte, und nun wird es ein Junge. Ich glaube, das ist gar nicht so leicht für ihn. Nun sagt er, er überlegt es sich erst, wenn er das Namensbuch hat, sonst geht es nicht. Daran merke ich schon, daß er ein bißchen abblockt, er hält es sich ein bißchen fern. Aber das macht mir eigentlich wenig aus. Ich weiß, das wird sich entwickeln. Ich habe auch das Gefühl, er will nicht sagen, daß er es auch schön findet. Das ist genau wie mit dem Heiraten. So von sich aus hätte er es nicht gesagt, aber sobald das Kind unterwegs war, war er bereit dazu.

In diesem Jahr werde ich vierzig Jahre alt, das ist für mich ein einschneidender Geburtstag, dann hätte ich mit dem Kinderwunsch abgeschlossen. Der Wunsch wäre vielleicht immer mal wieder hochgekommen, aber ich hatte kapiert, daß ich nicht bis fünfzig warten kann. Klar gibt es noch Schwangerschaften mit 46, aber es ist Unsinn, darauf zu hoffen. Ich hätte gewußt, das ist ein Kapitel in meinem Leben, das bleibt mir verschlossen. So weit war ich schon auf dem Weg dahin, die Kinderlosigkeit zu akzeptieren. Ich wollte nicht mehr zwanghaft mit allen Mitteln ein Kind bekommen. Ich konnte mir mein Leben ohne Kind wieder vorstellen. Doch nun ist es ganz anders gekommen.

Nachinterview Ulrike: Sie hat einen Sohn.

Ich hatte ja immer gesagt, es kommt noch das dicke Ende. Die Schwangerschaft war einfach zu gut gelaufen. Ich mußte auch meinen Pessimismus bestätigt haben. Ich hatte schon Angst vor der Geburt, aber so etwas hatte ich mir nicht vorgestellt, das lag außerhalb meiner Vorstellungskraft. In der 32. Woche haben sie eine schnell fortschreitende Plazentainsuffizienz bei mir festgestellt. Das bedeutete, daß das Kind in der Gebärmutter nicht mehr ausreichend versorgt wurde. Diese Diagnose haben sie genau an meinem vierzigsten Geburtstag gestellt. Eine Woche später ist dann unser Sohn durch Kaiserschnitt geboren.

Diese Woche war sehr schwer für mich. Ich habe mir Vorwürfe gemacht, weil ich unsicher war, ob das Kind nicht vielleicht doch schon Schaden genommen hatte, und daß ich noch mit vierzig ein Kind kriegen mußte. Diese Störung tritt nur bei ganz jungen Frauen oder bei älteren auf, weil die Plazenta nicht gut genug durchblutet ist. Bei älteren Frauen können auch Verkalkungen der Gefäße hinzukommen. Ausgerechnet an meinem Geburtstag, als ich zur Untersuchung war und die Herztöne an dem Herztonwehenschreiber überprüft wurden, hatte ich eine Wehe. Es war, glaube ich, die einzige, und ausgerechnet die wurde aufgezeichnet. Das war wohl alles etwas viel. Die Untersuchung, mein Geburtstag, zu dem ich am Abend auch noch Gäste eingeladen hatte, und die ganzen Vorbereitungen dafür. Das Gefährliche an dieser mangelnden Versorgung für das Kind war, daß die Lungenfunktion noch nicht ausgebildet war und es bei einer Geburt zu diesem Zeitpunkt noch gar nicht hätte atmen können. Ich habe dann eine Kortisonspritze bekommen, um die Lungenreife zu beschleunigen. Es war eine schwierige Entscheidung, zu welchem Zeitpunkt die Geburt vor sich gehen sollte. Einerseits sollte es wegen der Lungenreife möglichst lange drin bleiben, andererseits mußte es auch ausreichend versorgt werden. Eine zweite Überlegung war, ob die Geburt eingeleitet oder besser ein Kaiserschnitt gemacht werden sollte. Schließlich haben sie sich doch für den Kaiserschnitt entschieden, weil eine natürliche Geburt für das Kind zu anstrengend gewesen wäre.

Zur Operation standen auch die Ärzte vom Kinderkrankenhaus bereit, die haben unseren Sohn dann in Empfang genommen und gleich mitgenommen. Die Unterversorgung war für ihn wohl schon ziemlich schlimm, denn er hatte die Käseschmiere schon abgestoßen. Als ich aus der Narkose aufwachte, habe ich gleich die Schwester gefragt, wie es dem Kind gehe. Mein ganzes Mißtrauen brach wieder durch. Meine größte Sorge war, daß er beatmet werden muß. Sie sagte zwar, daß es ihm gutgehe und er allein atmen könne, aber ich konnte es gar nicht glauben. Ich dachte, die kennt mich doch gar nicht, wenn die mich nun verwechselt. Erst als mein Mann kam, habe ich geglaubt, was er erzählt hat.

Er war ganz begeistert von unserem Sohn. Er sei ein Supersohn. Ganz niedlich sei er und lebhaft und eigenwillig. Alles Eigenschaften, die er auch weiterhin behalten hat. Sie wollten ihm eine Sonde in die Nase einführen, durch die er die Milch bekommen sollte, damit er sich nicht so anstrengen mußte. Aber er hat sie sich immer wieder herausgezogen, bis sie es schließlich aufgegeben haben und ihn nur noch mit der Flasche ernährt haben. So klein, wie er war, hat er sich schon durchgesetzt, und so ist er immer noch. Was er sich in den Kopf gesetzt hat, das muß auch sein.

Ich habe dann die Milch abgepumpt, und mein Mann hat

sie ins Kinderkrankenhaus gefahren. Jeden Tag mehrmals. Am fünften Tag habe ich mein Kind dann zum ersten Mal gesehen. Er war wirklich ganz winzig, war aber schon angezogen und lag in einem Wärmebettchen. Wenn mein Mann von ihm erzählt hat, dann habe ich gedacht, er berichtet von einem ganz anderen Kind, so groß hat er ihn dargestellt und war so begeistert, was er angeblich schon alles konnte. Mein Mann war ganz sauer, daß ich ihn nicht so toll fand und nicht so begeistert war.

Die Wunde vom Kaiserschnitt hat gemein weh getan. Es ist ja auch eine richtige Bauchoperation, das darf man nicht unterschätzen. Um 9.35 Uhr haben sie mich in den OP gefahren, da habe ich noch auf die Uhr geguckt, und Geburtsdatum ist 9.38 Uhr. Das dauert nur einige Minuten. Aber eine Stunde lang wird alles wieder zugenäht. Die ratschen den Bauch auf, nehmen das Kind raus, geben es der Hebamme und fangen an zu nähen. Die Nachgeburt nehmen sie gleich mit raus. Aber da war nicht so viel bei mir. Der Arzt meinte, so einen kleinen Uterus hätte er auch noch nie gesehen, und es sei ein Wunder, daß ich überhaupt schwanger geworden bin, daß sich überhaupt ein Ei einnisten und sich das Kind entwickeln konnte. Ja, das ist wirklich ein Wunder.

Ich bin nach zehn Tagen rausgekommen, und da war ich selber ja noch wackelig auf den Beinen. Als ich aus der Klinik kam, kam meine Mutter für einige Zeit zu uns nach Hause, das war ganz schön, sie hat dann immer was gekocht. Ich bin jeden Tag dreimal in die Klinik gefahren, um den Sohn zu stillen und zu versorgen. Da war ständig diese Angst in mir, daß ihm etwas passieren könne. Er hat auch so unterschiedlich zugenommen, einen Tag mehr, dann wieder weniger oder auch gar nichts. Das hat mich jeden Tag neu verunsichert. Sehr schwer war für mich auch dieses dauernde Abschiednehmen, ihn immer wieder allein zurückzulassen, das hat mich ganz traurig gemacht. Ich wollte ihn gerne zu Hause haben, diese Klinik hatte so etwas Bedrohliches für mich.

Als er zweitausend Gramm wog, haben wir ihn dann mit

nach Hause nehmen dürfen. Da war ich schon ein bißchen beruhigter, obwohl ich dann die ganze Verantwortung allein hatte. Aber daß ich ihn immer bei mir hatte, das fand ich doch viel beruhigender, als immer in die Klinik zu fahren und ihn dann wieder allein zu lassen. Wenn ich hinging, dann wußte ich immer nicht, ob inzwischen nicht was passiert ist. Ich habe mich dann selber beruhigt und mir gesagt, daß sie dann angerufen hätten. Diese Zeit war ein unerhörter Streß. Dann habe ich ihn vier Monate gestillt und dann angefangen, zuzufüttern. Das hat er auch gerne genommen. Karotten hat er sehr geliebt, bis heute noch. Ich habe immer erst die Brust gegeben und dann einen Löffel. Als er sich daran gewöhnt hatte, habe ich es umgedreht, erst den Löffel, und wenn er dann noch nicht satt war, noch mal die Brust, und so ging das auch sehr gut. Ich habe dadurch jeden Monat eine Mahlzeit ersetzt. Da war ich dann rundrum eingespannt, da gab es nicht viel anderes in dieser Zeit.

Inzwischen habe ich eine Tagesmutter gefunden, die zu uns nach Hause kommt, wenn ich wieder arbeiten gehe. Es ist eine junge Frau, und ich mag sie sehr gerne. Sie ist sehr lebhaft und macht solche Sachen mit Felix, zu denen ich wenig Draht habe. Also, sie krabbelt mit ihm auf dem Boden rum, und die beiden haben viel Spaß zusammen. Ich habe das Gefühl, die Frau ist eine richtige Ergänzung zu meiner Person. Das gefällt mir sehr gut. Von anderen Frauen habe ich gehört, daß sie auch so ein bißchen eifersüchtig sind, wenn ihr Kind jemand anderen auch sehr gerne mag. So was kenn' ich gar nicht. Ich bin sehr froh, daß es uns allen so gutgeht dabei, und ich freue mich auch wieder auf meine Arbeit, obwohl es bestimmt auch anstrengend wird.

Anne, 33 Jahre, Lehrerin

Sie entschloß sich zur Adoption, nachdem sie sechs Jahre vergeblich auf eine Schwangerschaft gehofft hatte.

Ich habe den Kinderwunsch, so lange ich denken kann. Schon als Kind fand ich die Vorstellung gut, einmal eigene Kinder zu haben. Konkret wurde es dann, als ich meinen Mann kennengelernt habe. Wir wollten den Wunsch sehr schnell in die Tat umsetzen.

Ungefähr nach einem Jahr hatte ich den Verdacht, daß es mit der Schwangerschaft nicht klappt. Ich hatte schon seit drei Jahren die Pille nicht mehr genommen. Wir hatten nur verhütet, indem wir auf den Kalender geguckt oder Präservative benutzt hatten, dabei waren wir aber eigentlich auch sehr schlampig, so daß ich mich schon gewundert hatte, daß ich nicht einfach so schwanger wurde, wie das anderen Frauen passierte.

Nach einem Jahr bin ich dann zum Arzt gegangen. Inzwischen war ich schon 27 und wollte nicht so lange warten, sondern etwas unternehmen. Ich war bei meinem Frauenarzt, der hat gleich eine Durchpustung der Eileiter gemacht und festgestellt, daß ein Eileiter verstopft ist. Er meinte aber, daß ich trotzdem schwanger werden könnte. Als ich das nächste Mal kam, sagte er, daß ich doch bestimmt gekommen sei, weil ich schwanger sei. Aber ich war es natürlich nicht. Daraufhin schickte er mich in eine Spezialsprechstunde. Der Professor untersuchte auch meinen Mann und meinte, daß es eher an ihm liege, da er sehr wenig Sperma hätte, das sich auch schlecht bewege. Aber es sei nicht so wenig, daß man sagen könnte, eine Schwangerschaft sei aussichtslos. Er empfahl uns dann, wenn wir es eilig hätten, ein eigenes Kind zu kriegen, es mit Insemination zu versuchen. Wir haben uns das überlegt und gesagt, ja gut, wenn die Aussichten so schlecht sind, dann könnten wir die Chance ergreifen. Er hat uns vorher gesagt, daß er es nicht öfter als zwölfmal macht, und ich dachte, was soll schon dabeisein. Ich merkte dann erst im Laufe dieser Inseminationsgeschichte, daß das doch sehr belastend war.

Durch die Behandlung fixierte ich mich immer mehr auf den Kinderwunsch. Das ganze Leben schien sich nur noch um meinen Zyklus zu drehen. Der Erwartungsdruck erhöhte sich bei jedem Mal, und die Enttäuschung war jeden Monat wieder riesengroß. Ich habe mich aber immer wieder zusammengerissen und gedacht, vielleicht klappt es ja das nächste Mal.

Ja, das haben wir dann ein Jahr gemacht, nicht jeden Monat, aber jeden zweiten ungefähr. Es war auch rein zeitlich ein immenser Aufwand. Wenn ich anhand der Temperaturkurve und der Berechnungen des Arztes wußte, daß der Zeitpunkt des Eisprungs gekommen war, mußte ich gleich morgens mit meinem Mann in die Klinik. Das bedeutete für mich, erst mal morgens um sieben Uhr die Schule anzurufen, um zu melden, daß ich aus irgendeinem Grund verhindert sei, zur ersten Stunde zu kommen, und ich erst zur dritten kommen würde. Mein Mann mußte auch erst mal seinen Arbeitsbeginn verschieben. Dann sind wir zur Klinik gefahren. Ich saß wie auf Kohlen, einerseits mußte ich zur Schule, andererseits wollte ich nicht, daß der Eisprungtermin vorübergeht. Mein Mann mußte warten, ob der Cervixschleim auch wirklich die Reife des Eies anzeigte. Dann mußte er seinen Samen erzeugen, der dann kurz unter einem Mikroskop angeguckt wurde. Er konnte ihn sich auch selber angucken und fand das sehr spannend und interessant. Ihn hat das überhaupt nicht belastet. Er beteuerte, daß ihm das überhaupt nichts ausgemacht habe. Das Sperma wurde mit irgendeinem Instrument direkt am Muttermund abgelegt, da merkte ich überhaupt nichts davon, das war nicht schmerzhaft.

Nach der Insemination blieb nichts anderes, als abzuwarten, ob es geklappt hat. Das war das wirklich Belastende in meinen Augen, diese Warterei. Nun hatten wir soviel Theater gemacht, ich dachte, jetzt würde ich sicher schwanger werden. Ich hatte das Gefühl, ich hätte es irgendwie verdient, daß ich schwanger würde nach der ganzen Anstrengung, die wir auf uns genommen hatten. Die Ungewißheit, das Hoffen und Bangen waren abrupt beendet mit dem Einsetzen der Regel. Es hatte wieder nicht geklappt. Bei uns hat es nie geklappt.

Nach diesem einen Jahr habe ich mit einer Freundin gesprochen, die ist selbst Gynäkologin. Sie meinte, wenn man eine Methode oder eine Therapie eine Weile erfolglos angewandt hätte, müßte man sich doch etwas Neues einfallen lassen. Ich war auch schon ganz ungehalten über die ständige Wiederholung der Behandlung, die bei uns ja offensichtlich erfolglos blieb.

Aber den Gedanken, das ganze medizinische Theater aufzugeben, den habe ich leider nicht gehabt. Obwohl ich schon damals gemerkt habe, daß mich das völlig zermürbt und kaputtmacht. Aber auf diese Idee bin ich nicht gekommen, sondern habe nur gedacht, daß ich ein Kind will, und zur Erfüllung meiner Wünsche und Abschaffung meiner Probleme würde es nur über diesen Weg gehen.

Ich ging dann zu einer anderen Klinik, und da ist eigentlich dasselbe wieder passiert. Also, die Ärzte lagen mir schon mehr, die waren nicht so antiquiert, ich fühlte mich dort schon wohler. Sie überließen es auch sehr stark mir selber, was ich machen wollte, kamen aber letztlich zu demselben Ergebnis, wenig Sperma, ein Eileiter verschlossen, also geringe Chancen, aber nicht ganz aussichtslos. Der Arzt hat dann gesagt, wir sollten mit der Behandlung mal für eine Weile aufhören; wenn mir das stinkt, solle ich eine Pause machen und erst mal in Urlaub fahren. Das hatten wir zwar vorher auch schon gemacht, aber also gut, noch mal Urlaub, und wenn ich in einem halben Jahr noch nicht schwanger sei, dann solle ich wiederkommen.

Nach einem halben Jahr bin ich also wieder hin, und dann sagte er, daß er noch mal eine Insemination machen wolle, einfach nur mal so, das war Weihnachten 83/84. Anders war bei dieser Insemination, daß ich vorher Dynerik genommen hatte, um mehrere Eisprünge auszulösen und die Sache wahrscheinlicher zu machen. Durch dieses Dynerik verzögerte sich die Periode, und das hatte mir keiner gesagt. Die Regel kam dann eine Woche später, und ich dachte natürlich in dieser Woche, ich sei schwanger. Dann kam Weihnachten, und wir fuhren zu meinen Schwiegereltern. Ich bekam unterwegs meine Tage und war somit also nicht schwanger. Das war eine Riesenenttäuschung. Bei meinen Schwiegereltern erfuhr ich dann, daß meine Schwägerin schwanger war. Das war natürlich ein ganz unglücklicher Termin, daß ich das gerade zu diesem Zeitpunkt erfahren habe. Es war sehr schlimm für mich. Es war wie ein Schlag. Ich war so ziemlich am Ende nach dem ganzen Kokolores. Ich hatte gedacht, daß es geklappt hätte, und auf der Fahrt kriege ich meine Tage und höre dann, daß meine Schwägerin schwanger ist. Da wollte mir sicher niemand weh tun, aber ich habe das als gegen mich gerichtet erlebt und habe ganz schrecklich geweint. Ich konnte mich überhaupt nicht beruhigen. Wir sind wieder abgereist am ersten Weihnachtstag, das war wirklich schlimm. Ich konnte es überhaupt nicht mehr aushalten. Bei dem Drama kam auch raus, wie sehr mein Mann darunter litt, daß ich so traurig war. Ihm machte es nichts aus, daß er nicht Vater wurde. Er fand das zwar schade, aber er konnte es nicht fassen, daß ich so verzweifelt war.

Ich habe tagelang geheult und hatte ganz schwere Depressionen, wie ich sie sonst nie kenne. Mein ganzes Leben wurde davon beeinträchtigt. Schon wenn mich die Nachbarin ansprach, wann es denn bei mir soweit wäre, hat mich das wahnsinnig verletzt, damit konnte ich überhaupt nicht umgehen. Das hat mich total umgeworfen. Ich konnte nicht darauf antworten, ich habe schlagartig angefangen zu weinen. Das war stärker als ich, das war ein ganz starker Verlust für mich und ein Mangel meiner Person, daß ich kein Kind in die Welt setzen konnte.

Es gab Probleme, wenn wir irgendwo eingeladen waren.

Wenn ich wußte, daß eine Frau in unserem Bekanntenkreis schwanger war oder jemand gerade einen Säugling oder Kleinkind hatte, dann ging ich nicht hin. Das machte mich gleich wieder so traurig, und ich wollte mich dieser Trauer nicht aussetzen. Das war ein großes Problem, weil mein Mann gerne da hingehen wollte und nicht die geringste Veranlassung sah, diese Leute nicht zu besuchen. So ist er dann allein hingegangen, und das hat mir auch nicht gefallen. Ich saß zu Hause und habe geheult. Das war wirklich eine ganz schlimme Zeit. Ich war auch eifersüchtig auf Leute, die Kinder bekamen, ich habe denen das nicht gegönnt und habe mich gefragt, warum das bei denen klappt und nicht bei mir. Rückschauend kann ich das gar nicht mehr verstehen, da finde ich mich nur noch schlecht, aber es war so, und ich habe ganz fürchterlich darunter gelitten.

Ich war so verletzt und blockiert durch die Tatsache, kein Kind bekommen zu können. Ich hatte das Gefühl, keine Frau zu sein, ich glaube, daß das auch eine Rolle gespielt hat.

Der Kinderwunsch ist doch etwas Elementares, das habe ich ganz stark so empfunden, etwas, das mit dem Verstand nicht zu fassen ist. Es gibt keinen rationalen Grund, sich nicht vollständig zu fühlen, weil man kein Kind in die Welt setzen kann. Obwohl ich das immer wußte, habe ich es in dieser Phase überhaupt nicht akzeptiert. Ich wollte diese Erfahrung machen, schwanger zu sein, ein Kind zur Welt zu bringen und großzuziehen, mit allem, was dazu gehört. Das war für mich ein ganz wichtiger Bestandteil meines Lebens. Daß sich das in mir nicht vollzog, das habe ich als ganz ganz große körperliche und seelische Enttäuschung erlebt. Da habe ich wirklich schrecklich drunter gelitten.

Das Perverse war, daß ich einerseits das Gefühl hatte, daß ich das dringend brauche und mir wahnsinnig wünsche, und andererseits fand ich das auch so unemanzipiert, ich fand das blöd. Wie kann ich nur meine Weiblichkeit über diese Schwangerschaft definieren? Da war ich auch intellektuell enttäuscht von mir und habe es mir gleichzeitig nicht zugestanden, diesen Wunsch zu haben, denn eigentlich will ich mich ganz anders.

Weil ich so unter der Kinderlosigkeit litt, haben wir überlegt, was wir machen können. Mein Mann sagte, daß ich doch einmal zu einem Psychiater gehen soll. Das habe ich als große Verletzung empfunden. Jetzt stellte er mich auch noch obendrein als bescheuert dar, bloß weil ich den Kinderwunsch hatte. Es ist doch nicht anormal, einen Kinderwunsch zu haben. Ich war erst mal ganz aufgeregt und verletzt. Für ihn war es aber ein Hilfsangebot, er wollte mir etwas vorschlagen, was hilfreich für mich sein könnte. Im Mai 1984 habe ich dann mit der psychotherapeutischen Gruppe angefangen. Ich habe das sehr positiv erlebt, weil da Betroffene waren, die ich ja sonst nirgends kennenlernte. Für mich war das eine große Erleichterung, in die Gruppe gehen zu können. Mein Mann fand das auch sehr gut, denn er merkte plötzlich, daß er nicht mehr allein mein Gejammer anhören mußte.

In der Gruppe, da kam meine ganze Trauer raus. Eigentlich so ganz spontan. Indem ich darüber sprach, wurde die Situation, die ich draußen erlebte, wieder simuliert. Bloß in dem Rahmen war es nicht gefährlich, diese Trauer zu zeigen. Ich wollte mir diese Blöße nicht in der Öffentlichkeit geben, das ist ja auch peinlich. Als erwachsene Frau zu weinen, das ist sowieso peinlich, wer akzeptiert das schon? Obwohl ich da eigentlich gar nichts kenne. Wenn ich halt weinen muß, dann tu ich's, das habe ich eigentlich immer gemacht. Auch wenn ich einen Kinofilm sehe, kann ich laut weinen. Aber das ist ja dann auch etwas anderes, das wird akzeptiert.

Aber zu heulen, weil andere mich nach eigenen Kindern oder einer möglichen Schwangerschaft fragen, das ist eben nicht akzeptiert, und ich wollte auch nicht, daß das jemand sieht. Also habe ich es runterschlucken müssen. Und im privaten Kreis, bei meinem Mann konnte ich es auch nicht zulassen, der wurde dann ganz schroff, der hat sich geschützt, weil er nicht damit umgehen konnte. Insofern war für mich wirklich die Gruppe der einzige Ort, wo ich es rauslassen konnte.

Ich habe mich dann noch mal, als ich glaubte, aufgrund der Gruppe etwas stabiler geworden zu sein, aufgerafft und bin noch einmal zur Beratung gegangen. Mir wurde dann die Retortensache vorgeschlagen. Ich dachte, daß mir eine weitere Enttäuschung nicht mehr soviel ausmachen würde, ich erwartete ja nicht, daß es beim ersten Mal klappen würde. Da ich immer noch Hoffnung hatte, daß ich durch diese Behandlung schwanger werden würde, habe ich mich darauf eingelassen und habe das dann im November 1984 machen lassen. Es hat aber wieder nicht geklappt, und ich war genauso verzweifelt wie nach den anderen mißglückten Versuchen auch. Da war mir klar, daß ich nichts mehr in dieser Richtung machen würde. Das stand für mich fest, daß ich keine medizinische Behandlung mehr über mich ergehen lassen würde. Ich wollte nur noch weiter in die Gruppe gehen.

Dort gab es dann für mich eine ganz einschneidende, wichtige Sitzung. Eine Frau aus der Gruppe hatte sich in dieser Stunde entschlossen, das Leiden für sich zu beenden. Sie begrub die Hoffnung auf ein eigenes Kind. Den Wunsch aber, mit einem Kind zu leben, wollte sie sich nicht nehmen lassen und entschied sich, eine Adoption in die Wege zu leiten. Sie traf für sich diese Entscheidung, obwohl sie wußte, daß ihr Mann nicht damit einverstanden war. Sie meinte aber, wenn sie sich einen Schritt vorwagte und sich sicher sei, daß es für sie der richtige Weg war, dann würden sie den Weg gemeinsam einschlagen. Diese Erfahrung habe sie schon gemacht.

Ich kannte solche Entwicklungen auch aus unserer Beziehung. Und langsam begann der Gedanke, daß eine Adoption auch für uns eine Möglichkeit sein könnte, in mir Fuß zu fassen.

Der Wunsch, ein eigenes Kind zu haben, war immer noch da, stand aber nicht mehr so im Vordergrund. Meine Freundin schrieb mir zu dieser Zeit einen Brief, in dem sie mir berichtete, daß sie schwanger sei. Das hat mich noch sehr traurig gemacht, aber ich habe mich nicht verstecken müssen, sondern habe ihr schreiben und darauf reagieren können. In diesem Moment hatte ich es auch schon überwunden. Ich kann nicht sagen, daß der Schmerz weg war, aber es tat nicht mehr so weh. Es war noch da, dieses Bedauern, ich glaube auch nicht, daß das ganz weggeht, dazu habe ich es mir zu sehr gewünscht, als daß ich das jemals ganz abschließen könnte. Ein dumpfer Schmerz war noch da, aber es war nicht mehr so, daß mir die Tränen liefen.

Ich konnte meiner Freundin schreiben und das Thema ansprechen. Vorher war das für mich wie ein heißes Eisen, das konnte ich überhaupt nicht anfassen, ich bin richtig weggelaufen, im wahrsten Sinne des Wortes geflohen, wenn irgendsowas kam, so weh tat mir das. Ein richtig brennender Schmerz war es. Allmählich konnte ich es mir vorstellen, keine eigenen Kinder zu bekommen, diese Gegebenheit hinzunehmen.

Unsere Adoptionsidee wurde noch dadurch verstärkt, daß wir in den Sommerferien die Cousine meines Mannes trafen, die gerade ein Kind adoptiert hatte. Wir fanden den Jungen ganz süß und hatten viel Spaß mit ihm. Das ist so ein niedliches Kind, und mein Mann war ganz begeistert und hat viel mit ihm gespielt. So haben wir die ganze Adoptionsgeschichte unmittelbar mitbekommen. Wir haben dann bald gesehen, daß das auch für uns eine Lösung ist. Das konnte ich seit diesem Moment und keinen Tag eher. Hätte mir einen Monat vorher jemand gesagt, Adoption sei eine Lösung – und das hat man mir natürlich auch immer wieder geraten, und ich hatte mir das auch selber überlegt –, ich hätte es abgestritten. Seit ich mich damit abgefunden habe, daß wir beide kein leibliches Kind haben werden, kann ich die Adoption als Alternative sehen. Der Weg, den wir gehen werden, ist inzwischen ganz klar.

Ich wollte bei den Gesprächen in der Adoptionsvermittlungsstelle nicht das tun, was ich oft von anderen gehört hatte, und mich ins tolle Licht setzen. Ich wollte keine Lügengeschichten erzählen, nur um eine Adoption zu erreichen. Ich glaube, daß die Person, die einem das Kind vermittelt, eine ganz wichtige Person ist, so wichtig wie der Arzt, der einen in der Schwangerschaft betreut. Das ist eine ähnliche Position. Als ich die betreffende Frau sah, wußte ich, daß meine Sorgen abklingen. Ich hatte den Eindruck, die Frau war sehr menschlich, der brauchte ich nichts vorzumachen. Na, ich habe ihr dann alles erzählt. Sie hat natürlich gesagt, daß die Aussichten sehr schlecht seien, daß es überwiegend ältere Kinder gebe und überhaupt nur sehr wenige. Ich glaube, es war gut, daß ich so ehrlich war, das hat dazu beigetragen, daß wir mit dem Antrag nicht abgeschmettert wurden. Jetzt geht es an die ganzen Formalitäten. Es hätte aber auch sein können, daß wir eine Abfuhr bekommen hätten. Das hätte mir, glaube ich, nicht mehr soviel ausgemacht, denn ich war inzwischen daran gewöhnt, alles zu versuchen und nach Alternativen zu gukken.

Vielleicht hätte ich mich dann beruflich noch mal verändert. Typisch für meine Situation war die Erfahrung in der letzten Gruppensitzung, da haben wir eine Phantasiereise gemacht. Wir sollten uns vorstellen, wir gingen auf einen ganz hohen Berg. Er war hoch und steil, und wir trugen ganz schweres Gepäck. Etwas von diesem Gepäck sollten wir abwerfen. Mir kam erst mal gar kein steiler Berg in den Sinn, aber dann fiel mir wieder die Aufgabe ein: ein steiler Berg! Ich habe ihn dann auch gesehen, aber irgendwie ist er immer wieder verschwunden, und ich sah eine sonnige, weite Ebene und einen ganz kleinen Hügel. Ich sehe das noch genau, nicht so hoch, etwa dreihundert Meter. Da bin ich als Kind auch hinaufgelaufen. Das war immer eine angenehme Sache. Es war überhaupt nicht anstrengend, ich mußte mich direkt zwingen, eine Steigung daraus zu machen. Ich wußte auch gar nicht, warum ich da etwas vom Gepäck ablegen sollte, ich habe es gar nicht als schwer empfunden. Wenn man eine Bergwanderung macht, hat man eben einen Rucksack. Höchstens den Proviant hätte ich rausnehmen können. Für mich wurde aus der Phantasie deutlich, daß ich keine Probleme, hoch wie ein Berg, mehr hatte und auch keine mehr auf meinem Rücken mit mir rumschleppte. Probleme, hoch wie ein Berg, gab es nicht. Da war kein Problem, jedenfalls kein schweres Problem. Der Kinderwunsch ist noch da, aber es ist nicht mehr so schmerzhaft. Ich kann darüber nachdenken abends und dreh' mich auf die andere Seite und schlafe ein. Ich habe nicht mal mehr die Lust, mich in dieses Problem hineinzuvertiefen, mit dem ich mich immer grüblerisch auseinandergesetzt hatte.

Im Hinterkopf habe ich manchmal die Idee, daß ich schwanger werde, wenn ich adoptiert habe. Solche Gedanken habe ich natürlich auch. Aber die sind fatal. Wenn ich meine Tage kriege, bin ich auch nicht mehr überrascht, das ist kein Thema mehr und keine Bedrohung. Schön, daß ich das überwunden habe, deshalb habe ich auch den Mut, die Adoption auf mich zu nehmen.

Nachinterview Anne: Sie ist Adoptivmutter.

Ich hatte das Gefühl, daß ich im Laufe des nächsten Jahres ein Adoptivkind bekommen würde. Von daher ging es mir sehr gut in dieser Zeit. Ich war sehr zuversichtlich. Ende Januar kam es zu einer Begegnung mit Felix. Das war überraschend und schön. Er war zwei Jahre alt. Darüber war ich erst etwas entsetzt, weil wir eher einen Säugling haben wollten. Als wir ihn aber das erste Mal sahen, waren wir ganz angetan von ihm. Er war für uns wirklich liebenswert, und wir haben uns trotz des Alters nach dem ersten Besuch festgelegt, daß wir ihn bei uns aufnehmen wollten. Es gab dann aber die Schwierigkeit, daß sich die leibliche Mutter anders entschieden hatte. Das war für uns erst gar nicht zu verstehen. Wir hatten den Eindruck, da ist ein Kind, das ist krank und elend und hat niemanden, der es liebhat. Die Mutter kümmerte sich nicht um den Kleinen. Er wohnte zwar bei ihr, aber die Hälfte der Woche lebte er bei den Großeltern. In der Woche war er in der Krippe, und abends nach der Krippe wurde er von der Mutter ins Bett gebracht. Das war der einzige Kontakt, den die leibliche Mutter noch hatte. Sie mußte doch froh sein, das Kind in gute Hände geben zu können. Nachdem wir Felix kennengelernt und liebgewonnen hatten, wollten wir, daß er nun endlich zu uns käme. Ich habe gleich Muttergefühle, Gluckengefühle, so behütende Gefühle ihm gegenüber gehabt. Ich wollte ihn bei mir haben. Er war ständig krank. Termine wurden verschoben, weil er wieder krank war, er konnte nicht zu unserem Treffen kommen. Ich dachte immer, wann ist es endlich soweit. Ich habe dabei überhaupt nicht die Situation der Mutter bedacht. Sich von dem eigenen Kind für immer zu trennen, das ist ja ein Punkt, der diese Frau bis an ihr Lebensende verfolgen und sie ganz schwer belasten wird. Da kann keine Vermittlerin hergehen und sagen: Jetzt machen Sie mal, geben Sie das Kind ab. Es durfte wirklich erst passieren, wenn die Mutter von sich aus sagte: Ich kann nicht mehr, ich will das Kind nicht mehr. Diese Zeit mußte abgewartet werden.

In meiner Schule hatte ich durch dieses ganze Hin und Her inzwischen auch schon Schwierigkeiten. Erst hatte ich gesagt, daß ich aufhören würde zu arbeiten, weil uns Felix angekündigt worden war. Weil seine Mutter aber so unentschieden war, habe ich doch weitergearbeitet. In der Schule ist so was natürlich nicht möglich, Lehrer so kurzfristig einzusetzen. Aber jetzt im nachhinein weiß ich, wie gut es war, der Mutter soviel Zeit zu lassen. Es wäre nachträglich auch für mich sehr bitter, wenn ich das Gefühl haben müßte, mein Kind ist der Frau abgeschnackt worden. Ich wollte auch niemandem weh tun, obwohl ich es ja letztlich doch tue.

Ich lebe jetzt mit ihrem Kind, das ist wahnsinnig schwer für die Mutter, wie ich weiß. Wenn ich höre, daß die Frau so leidet, diese Frau, der ich so viel zu verdanken habe, weil sie Felix zur Welt gebracht hat, dann habe ich unendliches Mitleid mit ihr. Früher habe ich immer gedacht, ich würde eifersüchtig sein auf die leibliche Mutter, aber es ist das ganze Gegenteil. Ich möchte die Frau kennenlernen und habe ganz warme Gefühle ihr gegenüber. Das ist eigentlich so der einzige traurige Punkt in der Adoptionsgeschichte. Ich habe inzwischen Kontakt mit anderen Adoptivmüttern, und denen geht es ganz ähnlich. Jeder Fall ist zwar wieder anders, aber in diesem Punkt ist es immer für die Adoptivmutter bitter zu erfahren, wenn es der leiblichen Mutter schlechtgeht. Weil man ihr nicht helfen kann. Man kann ihr das Kind nicht zurückgeben. Dann denke ich, ich habe das Kind nicht verdient, es ist doch nicht mein Kind. Es ist eine ganz üble Geschichte, wenn ich mir diese Gefühle durchgehen lasse.

Als mir die Vermittlerin von den Leiden der leiblichen Mutter erzählte, hat das eine Wand zwischen mir und Felix aufgebaut. Ich dachte, eigentlich hast du das Kind gar nicht verdient. Diese Reserviertheit spürt Felix sofort instinktiv. Nach zwei Tagen habe ich das wieder weggeschoben, und dann ist er wieder mein Kind. Seine leibliche Mutter konnte sich auch nicht um Felix kümmern, sie konnte nicht den Einsatz bringen. Ein Kind braucht wirklich jemanden rund um die Uhr, das ist wahnsinnig anstrengend. Ein junges Mädchen, das noch keine Berufsausbildung hat und sein Leben eigentlich erst beginnt, kann das wirklich kaum leisten, was ein Kind verlangt. So beruhige ich mich wieder und betone die Seite, die mir sagt, daß es besser ist für die Mutter und das Kind, wenn ich mit ihm lebe.

Vor der Adoption war ich immer unsicher, ob ich das Kind auch wirklich so liebhaben könnte wie eines, das ich selbst zur Welt gebracht habe. Diese Unsicherheit ist sofort verschwunden, nachdem Felix bei uns war. Ich bin mir ganz sicher in meiner Liebe zu ihm. Doch daß ich mir so viele Gedanken um die leibliche Mutter machen würde, das habe ich nicht vorausgesehen. Das geht meinem Mann nicht so, und das geht vielen Adoptivvätern nicht so. Aber allen Adoptivmüttern, die ich kenne. Die müssen sich erst mal an das Kind heranarbeiten, nachdem sie etwas über die Mutter erfahren haben.

Ich habe schon mal ins Telefonbuch geschielt, wo sie wohnt. Ich würde am liebsten mal vorbeifahren, nur um sie zu sehen. Irgendwie ist diese Frau für mich ganz wichtig, die ist für mich eine Nabelschnur zwischen dem Kind und mir, und sie läßt mich nicht los. Diese Neugierde, die ist sehr groß. Ich habe zum Beispiel Bilder von der Mutter, ich weiß, wie sie aussieht, ich habe sie auch schon einmal flüchtig gesehen, sie ist für mich eine ganz spannende Frau. Da wäre ich ganz aufgeregt, wenn ich der begegnen würde. Sie hat mir ein Geschenk gemacht, von dem ich nicht weiß, ob ich das verdient habe, so ein unermeßlich großes Geschenk. Die Frage, ob ich das auch verdient habe, ist eigentlich Unsinn; aber das Gefühl ist da. Doch das ist immer nur eine Seite. Sie muß leiden für mein Glück, andererseits nehme ich ihr etwas ab. Es war ja ihr freier Wille. Ich habe sie nicht dazu aufgefordert, ihr Kind wegzugeben. Diese Diskussion ist müßig, aber das ist so das, was ich mit mir rumtrage. In den vier Wochen Bedenkzeit, die die leibliche Mutter für ihre Entscheidung hatte, bin ich davon ausgegangen, daß sie sich definitiv anders entscheidet. In dieser Zeit ging es mir sehr schlecht. Da war ich sehr, sehr traurig. Die Vermittlerin sagte, daß sie es verstünde, daß ich jetzt keine weiteren Hoffnungen aufbauen wolle. Ich kann mich ja nicht von heute auf morgen auf ein anderes Kind einstellen, sie kann mir nicht nächste Woche ein anderes »anbieten«. Das geht einfach nicht. Wir sind dann so verblieben, daß wir wiederkommen würden, wenn wir dazu in der Lage wären, uns auf ein anderes Kind einzustellen. Sie würde sich nur melden, wenn sie positive Nachrichten hätte.

Ja, und diese positive Nachricht kam dann nach drei Wochen, noch vor Ablauf der Bedenkzeit. Ich weiß noch, wir waren verreist, und Ostern stand vor der Tür. Ich lag noch im Bett und dachte: »Ostern.« Ich hatte mich schon so gefreut auf Felix. Ich hatte mir das schon so schön vorgestellt, wie das ist, mit Felix Ostereier zu verstecken. Ich war so traurig, und ich habe mit meinem Mann darüber gesprochen, daß ich immer an Felix denken mußte, wie es ihm jetzt wohl ginge. Ja, und dann ging das Telefon, so um elf Uhr, und die Vermittlerin rief an, wir sollten nach Berlin kommen, wenn wir noch Interesse hätten. Da sind wir mit fliegenden Fahnen zurückgefahren und haben Felix geholt und haben Ostern mit ihm zu

Hause verlebt. Dieses Wechselbad war so aufregend, also Schwangerschaft und Geburt können nicht aufregender sein. Richtig schön und schrecklich, wie das bei Schwangerschaft und Geburt auch ist. Da gibt es auch nicht nur tolle Momente.

Wir haben Felix von der Krippe abgeholt. Seine leibliche Mutter hatte ihn morgens abgegeben, und wir sollten um zwölf Uhr dasein. Die Erzieherin sagte uns, wir könnten ihn jetzt noch nicht abholen, er schlafe gerade, wir könnten aber die Sachen schon mitnehmen. Wir haben alles zusammengepackt und mit ins Auto genommen und haben erst mal geweint, mein Mann und ich. Er weint eigentlich nie, aber er war auch so angerührt, wie wir die Sachen ins Auto gebracht haben. Das hat mich alles unheimlich gerührt. Da war ein Teddy dabei und auch ein Brief der Mutter, das ist uns wahnsinnig zu Herzen gegangen. Wir haben uns in ein Cafe gesetzt, und da sind uns immer nur die Tränen runtergelaufen. Die Leute, die bei uns am Tisch saßen, die wußten gar nicht, was sie mit uns machen sollten. Aber das war uns auch egal. Da haben wir dann eine Weile gesessen und geheult und auch gelacht zwischendurch. Was für einen Schritt wir da wagten. Die Kindersachen berührten mich so tief, weil die Mutter sich ja auch davon trennen mußte. Da wurde mir klar, was das heißt. Mir tat sie in diesem Moment irrsinnig leid. Ich spürte in diesem Moment, wie Freude und Schmerz ganz scharf aufeinanderprallten.

Dann haben wir ihn abgeholt. Wie er da saß, durchströmten mich gleich wieder diese Muttergefühle. Ich werde das alles nie vergessen.

Erst wollte er nicht mit, er spielte gerade so schön. Da sagte die Erzieherin: Ach, wissen Sie was, machen Sie es mit Schokolade, er ißt so gerne Schokolade. Dann habe ich ihm einen Riegel Schokolade gegeben. Er hat mich sofort an die Hand genommen und ist mit dem Riegel Schokolade rausgegangen, als wäre nichts. Er ist bei uns ins Auto gestiegen und hat seine Schokolade gegessen. Ja, und dann war er da.

Danach hatten wir gar keine Zeit mehr für Rührung oder

so, danach waren wir eigentlich rund um die Uhr eingespannt. Wenn man von heute auf morgen ein Kind kriegt in dem Alter, in der Situation, das ist wirklich erst mal nur stressig. Ich bin spindeldürr geworden in dieser Zeit. Es gibt so eine Art freudigen Stresses, der einen nicht essen läßt.

Es war alles wahnsinnig aufregend. Es hätte alles ganz anders laufen können, daß er geschrien hätte und nicht ins Haus hinein wollen hätte, was hätten wir dann gemacht? Aber diese Sorgen waren zum Glück umsonst, er ist gerne mitgegangen, hat in seinem Zimmer gespielt. Wir hatten eine Marienkäferspieluhr in sein Bett gehängt, das fand er so faszinierend, daß er gleich ins Bett wollte. Da hat er dann nachmittags im Bett getobt und mit dem Marienkäfer gespielt, und abends wollte er auch gerne wieder rein, das war wie eine Brücke, die ihn gerne zu Bett gehen ließ. Er hat auch abends mit uns seinen Brei gegessen und ist gleich eingeschlafen. Es war wirklich traumhaft unproblematisch. Ja, aber auch unheimlich aufregend. Dann wurde es noch schöner. Wir erleben jeden Tag etwas Neues, wie er sprechen lernt und all diese Sachen. Klar, alle Kinder lernen sprechen, aber wenn es das eigene Kind macht, dann ist das halt besonders schön.

Wie Felix auch unsere Sprache übernimmt. Wenn mein Mann kommt und ich koche, dann sagt er immer: Hm, riecht lecker, und das sagt Felix jetzt auch. Hmhm oder Hoppala sagt er, so wie ich es öfter sage. Es ist schön, wenn ich etwas von mir in ihm wiederentdecke. Ich sehe inzwischen immer mehr meinen Anteil und bin darauf auch stolz.

Am Anfang hat Felix nie eine Puppe im Bett haben wollen, nur ein Kuscheltier, das er aber dann sofort wieder rausgeschmissen hat aus dem Bett. Je länger er bei uns war, desto mehr fing er an, seine Puppen zu bemuttern. Er hat ihnen was vorgesungen, genau wie ich ihm abends was vorsinge. Er streichelt sie und erzählt ihnen was. Was ich mit ihm mache, das macht er mit seinen Puppen. Inzwischen ist das ganze Bett voller Puppen und Kuscheltiere, und er ist ganz zärtlich zu ihnen.

Meine Aufgabe ist sicher keine andere als die einer leiblichen Mutter, ich sehe keinen Unterschied. Trotzdem passiert es noch manchmal, daß ich das Gefühl habe, ich kann doch nicht so tun, als wenn ich das Kind zur Welt gebracht hätte. Warum eigentlich? Fremde Leute geht das doch überhaupt nichts an, da ärgere ich mich manchmal über mich.

Einmal fragte mich jemand auf dem Spielplatz: Das ist ja toll, daß er so schön mit den Puppen spielt, seit wann macht er das denn schon? Hat er das schon immer gemacht? Und ich habe geantwortet: Das kann ich nicht sagen, ich habe ihn erst sechs Monate. Das war schon komisch, und dann habe ich mir gesagt, ich kann doch nicht so tun, als hätte ich das Kind schon immer. Aber das ist blöd, warum muß ich der das auf die Nase binden, das muß ich doch nicht, das ist eigentlich total unnötig. Aber ich habe die Tendenz, es jedem zu erzählen. Auf dem Spielplatz sagen die Mütter: Meine kann dies noch nicht, und meiner kann das noch nicht, und Ihrer ist ja groß! Und ich sage: Na, Ihrer wächst sicher auch noch. Ist ja kein Wunder, kriege ich dann zu hören, Sie sind ja auch groß. Da kann ich innerlich sehr schmunzeln, daß die Leute meinen, immer gleich solche Verbindungen feststellen zu müssen.

Wenn Felix mal was anstellt, stehe ich hinter ihm. Manchmal beißt er ein Kind in der Nachbarschaft. Das ist natürlich nicht schön, wenn ein Kind beißt. Aber ich kann ihn verstehen. Er beißt dann, wenn er sich nicht anders zu helfen weiß. Was soll er machen, das andere Kind läuft schneller, spricht schneller und nimmt ihm ständig alles weg. Er läßt sich das wegnehmen, den ganzen Nachmittag, und irgendwann ist das Faß voll. Dann greift er ganz ruhig die Hand und beißt kräftig rein. Die Mutter sagt: Um Gottes willen, das mußt du ihm aber austreiben, und du mußt ihn bestrafen. Ich denke mir, was soll er denn anderes machen, ich verstehe das. Die anderen Mütter hätten dann am liebsten, daß ich ihn sofort vertrimme. So nach dem Motto, ein Adoptivkind, was kann da nicht noch alles hinterstecken. Wenn ich so was merke, dann könnte ich zur Bestie werden. Ein richtiges Gluckenverhalten habe ich dann, das ist mein Kind, und wenn das beißt, dann hat das seinen Grund.

Es fällt mir inzwischen nicht mehr schwer, anderen zu sagen, daß ich selbst keine Kinder bekommen kann. Das ist keine Schande mehr für mich. Für meinen Mann war es sowieso nie peinlich, kein Kind bekommen zu können. Für ihn ist es jetzt schön, mit Felix zu leben. Aber er meint, er käme jetzt ein bißchen kurz. Die beste Voraussetzung dafür, daß ich mich jetzt so wohl fühle mit meinem adoptierten Kind, war die Tatsache, daß ich mich mit meiner eigenen Kinderlosigkeit abgefunden habe. Ich dachte nicht: Jetzt adoptiere ich, hoffe aber immer noch, schwanger zu werden. Wenn diese Hoffnung noch stark ist, sollte eine Adoption nicht über die Bühne gehen, denn sie darf keine Brücke sein, um den Wunsch nach einem leiblichen Kind zu erfüllen. Daß es mir jetzt soviel besser geht als vorher, ist nicht eine Folge der Adoption, sondern hängt damit zusammen, daß ich vorher mit meinem eigenen Kinderwunsch abgeschlossen hatte. Es war kein brennendes Bedürfnis mehr vorhanden, ein eigenes Kind haben zu müssen. Es ging inzwischen für mich vielmehr um die Erziehungsaufgabe und das Leben mit einem Kind. Der eigene dicke Bauch und die Schwangerschaft, das sind Wünsche, mit denen ich wirklich abgeschlossen hatte. Die Befriedigung durch Felix ist so schön und groß, wie ich sie mir von einer eigenen Schwangerschaft nicht erhofft hatte. Das ist für jemanden, der noch mit dem Wunsch nach einem eigenen, leiblichen Kind beschäftigt ist, nicht nachzuvollziehen, das weiß ich aus eigener Erfahrung.

Ich kann mir nicht vorstellen, schwanger zu werden, gut, das wäre schon die Krönung, aber glücklicher als Mutter könnte ich nicht sein mit einem eigenen Kind. Ich glaube auch nicht, daß ich ein eigenes Kind mehr lieben könnte als das Kind, das ich jetzt habe. Manchmal denke ich auch, jetzt noch ein eigenes Kind zu bekommen, das wäre irgendwie ein Verrat an ihm, dem Adoptivkind. Es macht mich reich und glücklich, dieses Kind zu lieben.

Begriffserklärungen

Amniozentese
Fruchtwasserpunktion in der Frühschwangerschaft, um Chromosomenveränderungen festzustellen.

Cervixschleim
Gebärmutterschleim, dessen Beschaffenheit sich im Laufe des Zyklus verändert.

Dynerik
Tabletten, die den Eisprung fördern und die Einnistung des Eies unterstützen sollen.

Endometriose
Gebärmutterschleimhaut außerhalb der Gebärmutter, die zur Zeit der Menstruation mitblutet.

Lapraskopie
Durch den Bauchnabel wird ein Sichtrohr eingeführt, durch das der Bauchraum betrachtet werden kann.

Progesteron
Gelbkörperhormon, das die Aufnahmebereitschaft für das befruchtete Ei bestimmt.

Prolaktin
Hormon, das die Milchbildung anregt. Bewirkt bei vermehrter Bildung die Verhinderung von Schwangerschaft.

Plazentainsuffizienz
Der Mutterkuchen, der für die Versorgung des Embryos zuständig ist, arbeitet nicht richtig.

Retortenbefruchtung
Die der Frau entnommene Eizelle wird im Reagenzglas befruchtet und ihr dann wieder eingesetzt.

Spermiogramm
Untersuchung der Samenflüssigkeit nach Anzahl, Beweglichkeit und Gesundheit der Spermien.

Ultraschalluntersuchung
Hochfrequenzschallwellen, die außerhalb unserer Hörfähigkeit liegen, zum Erkennen und Überwachen des Embryos.

Ann Mankowitz · Auf neue Weise fruchtbar

Der seelische Prozeß der Wechseljahre

160 Seiten, kartoniert · ISBN 3-268-00048-7

Anhand von Träumen zeigt die Autorin, daß die Menopause verstanden werden kann als Krise und damit als Chance, Vergangenes zu überdenken und Neues zu entdecken. Keine Frau ist von dieser Krise ausgenommen. Wenn wir uns der Veränderung nicht entgegenstellen, dem Wandel unseres Körpers, unserer Bedürfnisse, unserer Möglichkeiten und Funktionen ins Auge zu sehen vermögen, können die Wechseljahre zu einer Zeit psychischer Integration und inneren Wachstums werden, in der sich neue Lebensaufgaben und Lebensformen abzuzeichnen beginnen. Das seelische Verstehen der Wechseljahre und das Ergreifen der in ihnen liegenden Möglichkeit ist nicht nur fruchtbar und notwendig für die einzelne Frau, sondern auch für die Gesellschaft, die die Potentiale weiblicher Weisheit, wie die ältere Frau sie repräsentieren kann, erst wieder entdecken muß.

Ingrid Olbricht · Verborgene Quellen der Weiblichkeit

Die Brust – das enteignete Organ

204 Seiten, kartoniert · ISBN 3-7831-0795-4

Frauen, denen eine Brust amputiert wurde, haben noch nach Jahren psychosomatische Beschwerden, die nicht erklärbar sind. Die Forschungsarbeit von Ingrid Olbricht macht deutlich, daß es hier um ein Thema geht, das weit über den medizinischen Bereich hinaus das Selbstverständnis der Frau betrifft. Das ebenso sachlich wie spannend geschriebene Buch ist ein wichtiger Beitrag für die Suche der Frau von heute nach ihrer Identität und weist zugleich kritisch auf viele Phänomene hin, die nicht nur medizinisch, sondern auch sozial die Brust zu einem enteigneten Organ machen.

Kreuz Verlag

Harriet Goldhor Lerner · Wohin mit meiner Wut?
Neue Beziehungsmuster für Frauen
217 Seiten, kartoniert · ISBN 3-268-00040-1

Unsere Wut kann ein machtvolles Instrument der Persönlichkeitsentwicklung und der Veränderung sein, wenn wir es wagen, uns den ihr zugrundeliegenden Problemen zu stellen. »Wohin mit meiner Wut?« ist ein »Selbsthilfebuch«, verzichtet jedoch auf simple Rezepte. Es zeigt die Schwierigkeiten, die Frauen haben, wenn sie mit Hilfe ihrer Aggressionen größere Unabhängigkeit und Selbständigkeit in Beziehungen erreichen wollen, aber auch, daß es möglich ist, beides zu haben – eine Beziehung und ein entwickeltes und eigenständiges Ich.

Carol Dix · Eigentlich sollte ich glücklich sein
Hilfe und Selbsthilfe für überforderte Mütter
288 Seiten, kartoniert · ISBN 3-268-00047-9

Dieses Buch handelt von einem der letzten Tabu-Themen in unserer Gesellschaft, der postnatalen Depression. Mütter haben glücklich zu sein und ihre Kinder zu lieben. Diese Vorstellung trägt dazu bei, daß die postnatale Depression, die in schweren Fällen bis zur Psychose führen kann, medizinisch vernachlässigt und von den betroffenen Frauen meist stumm ertragen wird. Dix zeigt, wie kollektive Selbsthilfe aussehen könnte und wie im einzelnen der Depression vorgebeugt und begegnet werden kann. Die Autorin ist der Meinung: Solange die Gesellschaft dem Thema Mutter-Depression ausweicht, solange Hausfrauen-Mütter, berufstätige Mütter, alleinerziehende Mütter, Adoptiv- und Stiefmütter schweigend leiden, kann die Integration all dieser Rollenbilder nicht gelingen. Solidarität und praktische Hilfe tun not. Dix zeigt mögliche Wege der kollektiven Selbsthilfe auf und beschreibt, wie im einzelnen der Depression vorgebeugt und begegnet werden kann.

Kreuz Verlag